本书由
中央高校建设世界一流大学（学科）
和特色发展引导专项资金
资助

中南财经政法大学"双一流"建设文库

中|国|经|济|发|展|系|列

我国上市公司年报
文本信息策略性披露研究

王嘉鑫　著

中国财经出版传媒集团

经济科学出版社

Economic Science Press

图书在版编目（CIP）数据

我国上市公司年报文本信息策略性披露研究/王嘉鑫著.
—北京：经济科学出版社，2019.12
（中南财经政法大学"双一流"建设文库）
ISBN 978 - 7 - 5218 - 1109 - 4

Ⅰ.①我… Ⅱ.①王… Ⅲ.①上市公司 - 会计分析 -
研究 - 中国 Ⅳ.①F279.246

中国版本图书馆 CIP 数据核字（2019）第 279792 号

责任编辑：孙丽丽 纪小小
责任校对：隗立娜
版式设计：陈宇琰
责任印制：李 鹏

Woguo Shangshi Gongsi Nianbao Wenben Xinxi Celüexing Pilu Yanjiu
我国上市公司年报文本信息策略性披露研究
王嘉鑫 著
经济科学出版社出版、发行 新华书店经销
社址：北京市海淀区阜成路甲 28 号 邮编：100142
总编部电话：010 - 88191217 发行部电话：010 - 88191522
网址：www. esp. com. cn
电子邮箱：esp@ esp. com. cn
天猫网店：经济科学出版社旗舰店
网址：http://jjkxcbs. tmall. com
北京季蜂印刷有限公司印装
787×1092 16 开 9.75 印张 150000 字
2019 年 12 月第 1 版 2019 年 12 月第 1 次印刷
ISBN 978 - 7 - 5218 - 1109 - 4 定价：38.00 元
（图书出现印装问题，本社负责调换。电话：010 - 88191510）
（版权所有 侵权必究 打击盗版 举报热线：010 - 88191661
QQ：2242791300 营销中心电话：010 - 88191537
电子邮箱：dbts@ esp. com. cn）

总　序

　　"中南财经政法大学'双一流'建设文库"是中南财经政法大学组织出版的系列学术丛书，是学校"双一流"建设的特色项目和重要学术成果的展现。

　　中南财经政法大学源起于1948年以邓小平为第一书记的中共中央中原局在挺进中原、解放全中国的革命烽烟中创建的中原大学。1953年，以中原大学财经学院、政法学院为基础，荟萃中南地区多所高等院校的财经、政法系科与学术精英，成立中南财经学院和中南政法学院。之后学校历经湖北大学、湖北财经专科学校、湖北财经学院、复建中南政法学院、中南财经大学的发展时期。2000年5月26日，同根同源的中南财经大学与中南政法学院合并组建"中南财经政法大学"，成为一所财经、政法"强强联合"的人文社科类高校。2005年，学校入选国家"211工程"重点建设高校；2011年，学校入选国家"985工程优势学科创新平台"项目重点建设高校；2017年，学校入选世界一流大学和一流学科（简称"双一流"）建设高校。70年来，中南财经政法大学与新中国同呼吸、共命运，奋勇投身于中华民族从自强独立走向民主富强的复兴征程，参与缔造了新中国高等财经、政法教育从创立到繁荣的学科历史。

　　"板凳要坐十年冷，文章不写一句空"，作为一所传承红色基因的人文社科大学，中南财经政法大学将范文澜和潘梓年等前贤们坚守的马克思主义革命学风和严谨务实的学术品格内化为学术文化基因。学校继承优良学术传统，深入推进师德师风建设，改革完善人才引育机制，营造风清气正的学术氛围，为人才辈出提供良好的学术环境。入选"双一流"建设高校，是党和国家对学校70年办学历史、办学成就和办学特色的充分认可。"中南大"人不忘初心，牢记使命，以立德树人为根本，以"中国特色、世界一流"为核心，坚持内涵发展，"双一流"建设取得显著进步：学科体系不断健全，人才体系初步成型，师资队伍不断壮大，研究水平和创新能力不断提高，现代大学治理体系不断完善，国际交流合作优化升级，综合实力和核心竞争力显著提升，为在 2048 年建校百年时，实现主干学科跻身世界一流学科行列的发展愿景打下了坚实根基。

"当代中国正经历着我国历史上最为广泛而深刻的社会变革，也正在进行着人类历史上最为宏大而独特的实践创新"，"这是一个需要理论而且一定能够产生理论的时代，这是一个需要思想而且一定能够产生思想的时代"①。坚持和发展中国特色社会主义，统筹推进"五位一体"总体布局和协调推进"四个全面"战略布局，实现"两个一百年"奋斗目标、实现中华民族伟大复兴的中国梦，需要构建中国特色哲学社会科学体系。市场经济就是法治经济，法学和经济学是哲学社会科学的重要支撑学科，是新时代构建中国特色哲学社会科学体系的着力点、着重点。法学与经济学交叉融合成为哲学社会科学创新发展的重要动力，也为塑造中国学术自主性提供了重大机遇。学校坚持财经政法融通的办学定位和学科学术发展战略，"双一流"建设以来，以"法与经济学科群"为引领，以构建中国特色法学和经济学学科、学术、话语体系为己任，立足新时代中国特色社会主义伟大实践，发掘中国传统经济思想、法律文化智慧，提炼中国经济发展与法治实践经验，推动马克思主义法学和经济学中国化、现代化、国际化，产出了一批高质量的研究成果，"中南财经政法大学'双一流'建设文库"即为其中部分学术成果的展现。

文库首批遴选、出版二百余册专著，以区域发展、长江经济带、"一带一路"、创新治理、中国经济发展、贸易冲突、全球治理、数字经济、文化传承、生态文明等十个主题系列呈现，通过问题导向、概念共享，探寻中华文明生生不息的内在复杂性与合理性，阐释新时代中国经济、法治成就与自信，展望人类命运共同体构建过程中所呈现的新生态体系，为解决全球经济、法治问题提供创新性思路和方案，进一步促进财经政法融合发展、范式更新。本文库的著者有德高望重的学科开拓者、奠基人，有风华正茂的学术带头人和领军人物，亦有崭露头角的青年一代，老中青学者秉持家国情怀，述学立论、建言献策，彰显"中南大"经世济民的学术底蕴和薪火相传的人才体系。放眼未来、走向世界，我们以习近平新时代中国特色社会主义思想为指导，砥砺前行，凝心聚

---

① 习近平：《在哲学社会科学工作座谈会上的讲话》，2016 年 5 月 17 日。

力推进"双一流"加快建设、特色建设、高质量建设，开创"中南学派"，以中国理论、中国实践引领法学和经济学研究的国际前沿，为世界经济发展、法治建设做出卓越贡献。为此，我们将积极回应社会发展出现的新问题、新趋势，不断推出新的主题系列，以增强文库的开放性和丰富性。

"中南财经政法大学'双一流'建设文库"的出版工作是一个系统工程，它的推进得到相关学院和出版单位的鼎力支持，学者们精益求精、数易其稿，付出极大辛劳。在此，我们向所有作者以及参与编纂工作的同志们致以诚挚的谢意！

因时间所囿，不妥之处还恳请广大读者和同行包涵、指正！

中南财经政法大学校长

前　言

　　近年来，随着年度报告文本信息占公司对外披露信息比重的不断上升以及披露形式的持续多样化，年报可读性、语调、相似度等成为文本分析领域的基础内容，管理层在不同情境下对文本信息作出的差异化披露选择也成为学术界关注的前沿问题。然而，不同学者对年报文本信息策略性披露问题持有截然相反的看法。一部分学者认为，管理层策略性地进行文本信息披露可以给投资者提供增量信息，如在年报中使用复杂的语言有助于向投资者解读错综复杂的经济事项和专业性较强的技术信息，同时披露的语调也能够较好地预测公司的未来业绩。另一部分学者则认为，在资本市场相对缺乏文本信息监管的情况下，文本信息的策略性披露相较传统的数字信息来说更加隐蔽且经济，因而年报文本中很可能充斥着操纵后的信息，这不仅严重误导了信息使用者的决策判断，还会降低价格有效性和资本市场效率。与国外较为成熟的研究成果相比，基于中文语境的研究尚处于探索性阶段，仅有几篇文献从管理层自利视角考察了年报可读性策略性披露的动机，以及语调管理对分析师专业信息解读、评级与内部人交易的影响，鲜有涉及宏观资本市场层面。在此背景下，年报文本信息策略性披露会对我国资本市场产生怎样的影响？

　　然而，与国外成熟的资本市场不同，我国的资本市场根植于转型经济中，市场监管和公司治理相对薄弱，司法系统和金融体系尚未成熟，制度环境差异可能导致国外已有研究结论在我国并不适用。同时，不同于英语，汉语是结构复杂、表意丰富的语言，尤为强调圆通式的易经文化，这不仅为管理人员进行文本信息策略性披露提供了绝佳空间，也使得这种行为更加复杂与隐蔽。如果不给予有效监管与防范可能会触发多米诺效应，对资本市场的健康运行造成一定程度的负面冲击。就我国的现实情况而言，年报文本信息披露并没有得到监管部门的足够重视。中国证券监督管理委员会（以下简称"证监会"）仅在

2015 年修订的《公开发行证券的公司信息披露内容与格式准则第 2 号——年度报告的内容与格式》中提及，"在不影响信息披露完整性的前提下，年报语言应表述平实，清晰易懂，力戒空洞、模板化，保持语言简洁"，"年报中不得使用祝贺、恭维、推荐性的措辞"，并未给出具体可操作的执行规范。那么，在资本市场相对缺乏文本信息披露准则规范的情况下，上市公司很可能会大规模地借助年报文本进行策略性披露。因此，年报文本信息策略性披露给资本市场带来的影响及其披露动机已然成为一个重要的研究问题。

鉴于此，本书将研究问题归纳为以下三点：第一，年报文本信息策略性披露会影响使股价崩盘风险吗？其影响机制是什么？不同企业的横截面差异是什么？第二，年报文本信息策略性披露会影响审计决策吗？具体影响机制什么？不同的横截面差异会影响两者关系吗？以及对审计质量有何影响？第三，弱关系嵌入会影响年报文本信息策略性披露吗？事务所品牌、行业竞争度、审计费用溢价对上述关系的影响是什么？以及上述披露行为会导致怎样的经济后果？本书研究前两个问题的目的主要是从投资者和审计师视角研究年报文本信息策略性披露的经济后果，研究第三个问题的目的主要是从事务所变更视角考察年报文本信息策略性披露的影响因素。为检验上述问题，本书的研究逻辑为：（1）结合国内外文献，从年报文本信息策略性披露的动机、年报文本信息策略性披露与使用者信息解读两个方面出发，详细梳理年报文本信息策略性披露的相关文献，并对现有研究不足之处进行简要评述。（2）结合语言学理论、委托代理理论、信息不对称理论、经济后果理论，提出相关研究假设，并以 2012 年《分类分批实施通知》的颁布作为外生事件，实证检验年报文本信息策略性披露对股价崩盘风险、审计费用决策以及事务所变更对年报文本信息策略性披露的影响。（3）辅以最小二乘法、双重差分法、替换关键变量等作为稳健性检验，保证研究结论的稳健性和可靠性。（4）进一步分析和检验引发上述三个效应的具体影响机制，并针对不同的研究问题，在进一步研究中增加不同的实证检验内容，如公司内外部的横截面差异分析、对公司价值的影响分析、治理机制等。

本书的研究结论可归纳为以下三点：

第一，对于年报文本信息策略性披露对股价崩盘风险的影响研究，本书发现，首先，上市公司披露的年报可读性越差，其未来股价崩盘风险越高。其次，年报语调的联合效应检验发现，管理层在年报中配合性地披露积极语调会进一步加剧年报可读性对股价崩盘风险的负面效应。最后，影响机制检验与不同情境下截面分组检验发现，年报可读性主要通过降低企业与外界的信息透明度来增加股价崩盘风险，且二者的相关关系在业绩压力较高、内控质量较低的企业中更加显著。上述检验结果表明，为达到掩盖"坏消息"的目的，管理人员会通过撰写复杂、可读性较差的年报来增加投资者的信息解读成本，导致股价崩盘风险上升。该部分研究内容有助于从股价崩盘的视角更好地理解年报可读性策略性披露的经济后果，也为监管部门完善财务报告信息披露制度、维护资本市场稳定提供经验证据。

第二，对于年报文本信息策略性披露对审计费用的影响研究，本书发现，首先，年报语调越积极，审计师收取的审计费用越多，且该结论经过内生性检验等一系列稳健性测试后依然成立。其次，影响机制检验发现，被审单位的经营风险上升是导致审计师做出上述决策的一个重要原因。最后，截面分组发现，年报语调对审计费用的正向作用仅存在于民营企业和信息不对称较高的公司中；审计师专业能力和事务所规模在年报语调和审计决策的关系中起到了调节作用，审计师专业能力会强化年报语调对审计费用的正向关系，而事务所规模则会弱化二者关系；另外，年报语调越积极，审计师的努力程度越高，提供的审计质量也越高。上述研究表明，审计师会对年报中异常积极的语调信息保持应有的职业关注，并在做出审计决策时考虑语调操纵对审计风险的影响。该部分研究不仅为监管部门更好地制定年报语调操纵的治理政策提供经验证据与理论参考，还对投资者、分析师等年报使用者深入认识语调信息有所裨益。

第三，对于事务所变更对年报文本信息策略性披露的影响研究，本书发现，首先，公司变更会计师事务所后，年报相似度显著上升，同时区分变更原因后发现，因公司治理因素而发生事务所变更更可能导致年报相似度上升。进一步地，事务所变更对年报相似度的正向效应在四大①会计师事务所变更为非四大、高行业竞争度以及高审计费用溢价的公司中更显著。与此同时，经济后果检验

---

① 四大会计师事务所指世界著名的四个会计师事务所：普华永道中天会计师事务所（PwC）、德勤华永会计师事务所（DTT）、毕马威华振会计师事务所（KPMG）、安永华明会计师事务所（EY），简称"四大"。

揭示出，换所后的文本相似度操纵行为会损害企业价值。另外，针对其他文本质量的拓展性测试发现，事务所变更会导致年报文本信息披露的复杂度上升，但对年报语调没有显著影响。该部分研究对于加强事务所变更后的年报文本信息披露监管、治理上市公司的模板化信息披露行为具有重要启示意义。

本书的创新点主要有：

第一，研究对象的创新。年报使用者的信息解读能力一直以来都是学术界研究的重点内容，但传统上，学者们主要研究分析师、媒体等信息中介机构的信息解读的市场反应，而鲜有研究文本信息策略性披露是否会影响投资者和银行的信息解读能力，以及信息解读能力的差异是否会导致使用者做出不同的决策判断。大量研究发现，企业与投资者、银行之间的信息不对称不仅与企业所披露的信息质量有关，还取决于投资者、银行的信息解读能力。同时，我们也不能忽视，不同的年报使用者信息解读能力本身也存在一定差异。相比于一般投资者，银行拥有更丰富的信息搜集渠道、更严格的信息审核机制和更专业的投资业务部门，具有较高的信息解读能力。故我们以投资者和银行这两类重要的年报使用者作为研究对象，拟考察年报使用者解读能力的差异可能导致文本信息策略性披露产生不同的资本市场效应，实现了研究对象的创新。

第二，研究视角的创新。与目前从盈余数字、择时披露或其他分项信息等视角来考察财务报告策略性披露不同，本书重点研究了更适合中文语境土壤的两种信息披露形式——年报可读性策略性披露和年报可读性联合语调策略性披露。我们认为，基于中国背景来考察以上两种披露方式具有一定优势，这是因为中国是一个高语境传播社会，尤为强调易经式的圆通文化，人们之间的沟通更加含蓄委婉，字面意思往往与真实含义存在较大差异，需要阅读者用心揣摩。同时，汉语在遣词造句上的灵活性与复杂性也会给使用者正确解读公司信息造成很大障碍。因此，相比于其他的文本披露方式（如文本主题操纵、图表占比管理等），在中文语境下管理层借助可读性和语调进行策略性披露的空间更大、更为隐蔽，其产生的资本市场效应也更加复杂。本书基于中文语境，从文本信息的角度出发，丰富了财务报告策略性披露经济后果的相关文献，实现了研究视角的创新。

第三，实践运用的创新。随着年报文本策略性披露行为的日益增多，监管

— 4 —

部门必须要弄清的一个问题是日趋复杂、带有主观色彩的年报文本还能否为投资者提供相关、可靠的会计信息？实际上，美国证券交易委员会早在1998年的时候就注意到这一问题，其在1998年颁布的 *Rule* 421（*d*）明确指出，上市公司在撰写招股说明书时应严格遵守"简明英语"规则（Plain English Rule），以向"最不精明"（least-sophisticated）的投资者清晰、简明地传递披露的财务信息。可是，我国的相关政策文件对会计文本信息的关注不足，证监会仅在2015年修订的《公开发行证券的公司信息披露内容与格式准则第2号——年度报告的内容与格式》中提及，"在不影响信息披露完整性的前提下，年报语言应表述平实，清晰易懂，力戒空洞、模板化，保持语言简洁"，"年报中不得使用祝贺、恭维、推荐性的措辞"，并未给出具体可操作的执行规范。那么，在资本市场相对缺乏文本信息披露准则规范的情况下，上市公司很可能会大规模地借助可读性及语调进行策略性披露。因此，本书能够实现实践运用的创新。

目　录

第一章
引　言

第一节　研究背景和意义

一、研究背景

近年来，我国资本市场出现了一个重要现象：随着《企业会计准则》《企业内部控制基本规范》等一系列监管制度的颁布，上市公司的信息披露行为得到了有效规范，盈余质量呈现出不断提高的趋势，但这是否就意味着财务报告为投资者提供的是相关、可靠的会计信息呢？实际上，会计信息质量不仅取决于财务数字信息的内容质量，还与另一个易被忽视的维度——文本信息的形式质量有关。相比于标准化的数字信息，财务报告中的非标准化文本信息所占比重更大、语言表达更为多样、信息内涵也更为丰富。其中，年报可读性、年报语调等是文本信息中最基本且最重要的特征指标。可是，就我国的现实情况而言，无论是年报披露的可读性还是语调都没有得到监管部门的足够重视。证监会仅在2015年修订的《公开发行证券的公司信息披露内容与格式准则第2号——年度报告的内容与格式》中提及，"在不影响信息披露完整性的前提下，年报语言应表述平实，清晰易懂，力戒空洞、模板化，保持语言简洁"，"年报中不得使用祝贺、恭维、推荐性的措辞"，并未给出具体可操作的执行规范。在资本市场相对缺乏文本信息披露准则规范的情况下，上市公司很可能会大规模地交互使用可读性及语调进行策略性披露，这一点可以从本书统计的A股上市公司的文本特征数据中得到初步印证。数据整理发现，在可读性特征方面，年报总汉字数和总句数从2007年的平均4.62万字（593句）上升至2017年的6.97万字（846句），内存大小从2007年的0.82兆增长到2017年的3.05兆，增长了3.72倍；在语调特征方面，积极词汇数从2007年平均323个增至2017年平均455个，消极词汇数从115个增加到178个，增长率分别达到40.87%和54.78%。

由此可见，文本信息占公司对外披露信息的比重正在逐年上升，表达形式上越来越复杂，遣词造句上也更趋于主观化。那么，造成这一现象的原因是管理层为进行策略性披露而有意为之吗？

国外研究发现，除财务数字信息外，年报文本信息也能成为管理者自利的工具，特别是在资本市场相对缺乏形式质量准则规范的情况下，管理层有目的地进行文本信息管理已成为一种隐蔽且"经济"的策略性披露手段，严重误导了信息使用者的决策判断（Li，2008；Bloomfield，2008；You and Zhang，2009；Lehavy et al.，2009）。此后，越来越多的学者开始注意到这种策略性披露行为恶化了企业与外界的信息环境（Lo et al.，2017；Bushee et al.，2018），降低了价格有效性（Lee，2012），甚至波及资本市场稳定（Loughran and McDonald，2014）。相比之下，基于中文语境的年报文本分析尚处于探索性阶段，近年仅有几篇文献从管理层自利视角考察了文本信息策略性披露的动机（王克敏等，2018），以及对分析师专业信息解读、评级与内部人交易的影响（丘心颖等，2016；林乐和谢德仁，2017；曾庆生等，2018），并未涉及宏观金融市场层面的经济后果。然而，我国的金融市场根植于转型经济中，由于市场监管和公司治理相对薄弱，司法系统和金融体系尚未成熟（Allen et al.，2005），上市公司频繁地进行年报可读性及语调管理不仅会增加信息解读成本、加剧信息不对称，还会刺激内部人参与信息捂盘、隐瞒坏消息等违规活动（Lehavy et al.，2011；Laksmana et al.，2012；Bonsall and Miller，2017），这些都会对金融市场体系造成负面冲击。与此同时，汉语言文字是结构最复杂、数量最繁多、表意最丰富的文字（黄伯荣和廖序东，2017），尤为强调圆通式的阴阳文化，这不仅为管理人员进行文本信息策略性披露提供了空间，也使得这种行为更加复杂与隐蔽，如果不给予有效监管与防范可能会触发多米诺效应，最终危及资本市场稳定。

年报使用者信息解读为研究上述问题提供了一个重要角度。首先，降低年报使用者信息解读能力可以达到掩盖坏消息的目的。自鲍尔和布朗（Ball and Brown，1968）发现盈余公告后漂移现象后，大量学者围绕信息使用者能否正确解读信息展开了密集研究。近年来在对这一问题的探讨中，基于不完全相关假说（Incomplete Revelation Hypothesis）的由于信息发布者策略性披露行为导致信息使用者解读成本上升是广为学界接受的观点之一。不完全相关假说认为，信息的解读成本影响着资产价格反映信息的程度，信息使用者提取公开信息的成本越高，市场价格就越难揭示这部分信息（Bloomfield，2002）。因此，出于职业晋升、私有收益等自利考虑，管理层具有强烈动机进行信息披露操纵提高信息解读成本，以影响市场对个人能力和公司前景的判断（Kothari et al.，2009）。李（Li，2008；2010）将这一观点拓展到文本分析领域，发现管理层可通过增加负面消息的解读成本来防止股价的短期下跌。其次，不同的年报使用者信息解读能力也存在较大差异。相比于一般投资者，审计师拥有更丰富的信息搜集渠道、更严格的信息审核机制和更专业的信息分享途径，具有较高的信息解读能力，而投资者则更多依赖分析师、媒体等披露的信息（Ertugrul et al.，2017）。因此，我们选取投资者和审计师这两类重要的年报使用者作为研究对象，有助于从不同的视角考察年报文本信息策略性披露产生的资本市场效应。

二、研究意义

本研究具有重要的理论和现实意义。

1. 理论意义

本书研究的理论意义主要有如下几点：第一，目前鲜有文献研究文本信息策略性披露是否会影响年报使用者信息解读能力，以及信息解读能力的差异是否会导致使用者做出不同的决策判断。年报使用者的信息解读能力一直以来都是学术界研究的重点内容，但传统上，学者们主要从分析师、媒体等信息中介机构的视角来考察信息解读的市场反应（Baber and Odean，2008；Bushee et al.，2010；Bradshaw et al.，2012；谭松涛等，2015；丁慧等，2018）。不完全相关假说认为，投资者等年报使用者并不像有效市场假说中的那么理性，他们是具有极强主观判断能力的个体（Bloomfield，2002）。同时，大量研究信息不对称影响因素的文献证实，信息不对称不仅与信息披露者所披露信息本身的质量有关，还取决于使用者的信息解读（Chang et al.，2006；Liu，2011）。基于此，我们借助文本分析这一手段，拟研究年报文本信息策略性披露对使用者信息解读的影响，并考察信息解读能力的差异是否会导致使用者做出不同的决策判断，丰富和拓展了年报使用者信息解读市场反应这一领域的相关文献。

第二，以往研究对年报文本信息的有用性存在分歧，尚未达成一致意见。

近年来，随着文本分析技术的发展，学界开始关注到一个重要问题，即财务报告的文本信息能否为使用者提供相关、可靠的会计信息？大量学者对此展开研究，并形成了两种观点。文本信息有用观认为，文本信息具有很高的信息含量（Li，2008），其披露形式直接影响使用者对财务数字信息的信任程度和依赖性（Rennekamp，2012；Merkley et al.，2013）。文本信息无用观则认为，虽然非财务信息的价值相关性很高，所占比重也越来越大，但其可靠性和可理解性很弱，制约了其价值的发挥（Loughran and McDonald，2014；Elliott et al.，2015）。以上两种观点孰是孰非尚未达成一致，本书拟从投资者和审计师的角度，为澄清上述争议提供一种可能的视角。

第三，目前关于财务报告策略性披露的研究多聚焦于盈余数字、择时披露或其他分项信息等视角，而基于年报文本信息的研究并不多。传统上对信息策略性披露的研究更多关注管理层如何通过盈余管理、盈余平滑、会计稳健性管理和择时披露等手段来达到推迟披露坏消息或提前披露好消息的目的（Kim et al.，2016；Lo et al.，2017；徐高彦等，2017），以及引发这种行为的管理层动机（Baginski et al.，2002；许言等，2017）。然而，基于不完全相关假说的研究却发现，文本信息同样可以作为策略性披露的载体，且常被管理层用来掩藏坏消息（Laksmana et al.，2012；Bonsall and Miller，2017；Ertugrul et al.，2017；Bushee et al.，2018）。本书在结合已有研究的基础上，拟从可读性、语调和相似度等策略性披露入手，拓展财务报告策略性披露的相关研究。

2. 现实意义

本书研究的现实意义包含以下方面：第一，本书的研究问题顺应我国现阶段监管部门愈发重视年报文本信息披露形式规范的趋势。2016 年 12 月，证监会颁布了《公开发行证券的公司信息披露内容与格式准则第 2 号——年度报告的内容与格式》（2016 年修订），要求"鼓励公司结合自身特点，以简明易懂的方式披露对投资者特别是中小投资者决策有用的信息，但披露的信息应当保持持续性，不得选择性披露"。同时，"公司董事会、监事会及董事、监事、高级管理人员应当保证年度报告内容的真实、准确、完整，不存在虚假记载、误导性陈述或重大遗漏，并承担个别和连带的法律责任"。这一文件的颁布意味着未来对文本信息策略性披露行为的监管将会更加重视。本书的研究切合文本信息披露监管日趋重要的发展现实，有助于引导企业披露更加简洁易懂的年报，亦可帮助年报使用者更好地理解文本信息披露策略。

第二，本书的研究问题符合当前市场监管工作的重点。党的十九大以来，党中央、国务院对维护资本市场稳定给予了高度重视。十九大报告要求"健全金融监管体系，守住不发生系统性金融风险的底线"。习近平在第五次全国金融工作会议上指出，"防止发生系统性金融风险是金融工作的根本性任务，也是金融工作的永恒主题。要把主动防范化解系统性金融风险放在更加重要的位置"。股票市场暴涨暴跌、审计市场的公信力下降会给投资者信心、企业可持续发展和资本市场稳定带来很大的负面影响。因此，系统研究年报文本信息策略性披露等对投资者、审计师的影响不仅有助于企业长远发展，还有利于监管部门更好地防范系统性风险，符合我国现阶段资本市场工作的重点。

第三，本书的研究能够为投资者决策与审计师决策提供有益参考。本书研究发现，披露复杂、语调较强和有较高相似度的财务报告可能与隐藏坏消息有关，会加大企业与信息使用者的信息不对称，这意味着年报文本信息披露质量直接决定着使用者的决策质量，因而投资者、审计师在进行投资决策或审计决策时，要格外重视财务报告的文本信息，不可单独地依赖管理层在财务报告中对企业情况的表述孤立地进行决策，而应借助多方面信息渠道，正确识别可能存在的策略性披露行为，避免因信息不对称而导致投资者和审计师遭受重大损失。

第二节　研究思路和方法

一、研究思路

本书主要以投资者、审计师和事务所变更为视角，考察年报文本信息策略性披露的经济后果与影响因素，研究的基本思路归纳如下：

第一，提出研究问题。在当前资本市场文本信息披露行为日趋复杂的背景下，年报文本信息策略性披露会影响使用者信息解读吗？会产生怎样的经济后果？其影响因素又是什么？系统研究这些问题对于规范我国资本市场、完善上市公司治理至关重要。当前，国外学术界对年报文本信息策略性披露展开了大量的研究，但国内学者对这一问题的实证检验还不够深入，存在较大研究空间。

通过对理论和相关文献的阅读发现，国内外学者对年报文本信息策略性披露的研究尚存争议。一部分学者认为，管理层策略性地进行文本信息披露可以给投资者提供增量信息，如在年报中使用复杂的语言有助于向投资者解读错综复杂的经济事项和专业性较强的技术信息，同时披露的语调也能够较好地预测公司的未来业绩。另一部分学者则认为，在资本市场相对缺乏文本信息监管的情况下，文本信息的策略性披露相较传统的数字信息来说更加隐蔽且经济，因而年报文本中很可能充斥着操纵后的信息，这不仅严重误导了信息使用者的决策判断，还会降低价格有效性和资本市场效率。从中可见，学界对年报文本信息策略性披露的认识目前还没有定论。鉴于这方面的研究不足，本书选择三个视角，提出研究问题，分别是：其一，年报文本信息策略性披露会影响使股价崩盘风险吗？其二，年报文本信息策略性披露会影响审计决策吗？其三，弱关系嵌入会影响年报文本信息策略性披露吗？

第二，构建理论假设。本书对年报文本信息策略性披露的研究包含了两个部分：一是这种策略性披露会产生怎样的经济后果；二是什么因素会导致管理层作出这种策略性披露行为。为此，本书从股价崩盘风险和审计费用的视角考察了第一部分的内容，从事务所变更的视角考察了第二部分的内容。

针对年报文本信息策略性披露与股价崩盘风险的问题。基于金和迈尔斯（Jin and Myers，2006）的思路，影响股价崩盘的主要原因是企业内部人对外界隐瞒负面消息，而年报可读性披露策略则为管理层隐藏负面消息提供了操纵空间，当负面消息累积超过阈值，其瞬间地集中释放会导致投资者大量抛售所持股票，对股票价格造成严重的负面冲击，引发股价崩盘。因此，年报可读性披露策略可能被管理层用于隐瞒负面消息，进而对上市公司的股价崩盘产生直接的影响。对此，本书提出的第一个理论假设为：控制了其他因素后，上市公司年报可读性越差，其未来股价崩盘风险越高。

针对年报文本信息策略性披露与审计费用的问题。年报文本的语调信息会对审计决策产生重要影响。《中国注册会计师审计准则第 1521 号——注册会计师对其他信息的责任》规定，审计师对其他信息应保持应有的关注和充分的职业怀疑，这对审计师防止审计失败、降低执业风险至关重要。若管理层对语调信息的披露有失真实性，与财务报表或审计过程中了解的情况存在重大不一致，可能表明财务报表或其他信息存在重大错报风险。如果针对此类错报审计师没有采取恰当的应对措施，则可能有损财务报表与审计报告的可信性，甚至危及事务所的品牌声誉。被审单位公司风险的加剧会导致审计失败的概率大大增加，审计师出于执业风险的担忧会收取更高审计费用进行风险对冲。对此，本书提出的第二个理论假设为：在其他条件一定的情况下，年报语调越积极，审计收费越高。

针对事务所变更与年报文本信息策略性披露的问题。在审计实践中，事务所变更期是一个充满不确定性的风险窗口，事务所定期轮换制在一定程度上隔绝了被审单位与原审计师之间的密切关系。变更后新业务的开展意味着全新关系的建立，且这种关系的维持与稳定并非一朝一夕，因此，可以预见被审单位与审计师之间的不熟悉感在事务所变更后的首个审计年度会表现得最为强烈。此时，为规避信息风险，管理层在撰写年报时会更倾向于选择较为保守的文本信息披露策略，即更多使用模块化的遣词造句，减少特质性信息披露，从而使事务所变更增加了文本相似度。对此，本书提出的第三个理论假设为：在其他条件一定的情况下，会计师事务所变更会提高上市公司年报相似度。

第三，实证检验年报文本信息策略性披露的经济后果以及影响因素。在第一个研究问题中，我们以年报可读性作为自变量，未来一期股价崩盘风险作为因变量，采用基于固定效应模型实证检验了年报可读性对股价崩盘风险的影响。在第二个研究问题中，我们以年报语调作为自变量，审计费用作为因变量，采用基于最小二乘法模型实证检验了年报语调对审计费用决策的影响。在第三个研究问题中，我们以事务所变更作为自变量，年报相似度作为因变量，采用基于定效应模型实证检验了事务所与客户之间弱关系嵌入是否会影响文本相似度披露。同时，本书还使用双重差分法、两阶段最小二乘法、替换关键变量等对研究结论进行了稳健性检验，以确保实证结果更加稳健。

第四，评价研究结论。依据以上三个问题得出的实证检验结果，本书总结了研究结论，评估了年报文本信息策略性披露的经济后果以及影响因素，并针对不同的利益相关群体如监管部门、上市公司和投资者等，提出相应的政策建议。

二、研究方法

本书采用定性和定量分析相结合的方法进行研究，研究方法包括理论分析、实地调研、实证检验和总结归纳等。具体而言，首先，我们对相关文献进行了归纳梳理，发现现有文献研究中存在的不足。然后，以语言学理论、信息不对称理论和委托代理理论作为理论基础，规范分析了年报文本信息策略性披露对投资者、审计师信息解读的影响，以及从事务所变更视角考察年报文本信息策略性披露的影响因素，构建了理论分析框架，并初步建立计量模型。其次，我们拟通过对上市公司、证券公司和会计师事务所实地调研的方式进一步了解年报文本信息策略性披露对股票和审计市场的影响，然后整理出问卷，做小样本预测，撰写调查研究报告，并根据调研结果修正理论框架和计量模型。再次，我们收集并整理出相关研究数据，通过大样本检验年报文本信息策略性披露对投资者、审计师的影响、作用机制及截面差异检验，具体计量方法包括 OLS 回归、DID 检验、两阶段回归和中介效应检验等。最后，我们总结和归纳研究结果，对上市公司、监管部门、投资者提出政策建议。

本书拟解决的一个关键问题是如何构建基于汉语语境的年报可读性、年报语调与年报相似度指标，本书采用机器学习的方法构建这些指标，具体过程如下：

第一步，我们依据以下步骤对年报文本进行数据处理与清洗：首先，使用批量下载软件从巨潮资讯网上下载 2007 ～ 2017 年 A 股上市公司年度报告 PDF 文本。其次，使用 Python 执行以下处理程序：第一，使用非关系数据库（MongoDB）对上市公司年报文本进行存储，然后利用 Python 中的 pdfplumber 包对年报 PDF 文档进行读取与解析。第二，执行如下清洗程序：（1）剔除年报中的表格和图片；（2）剔除标点、数字、英文字母等非汉字字符。最后，按照如下步骤添加字典，并统计相应的文本数据：（1）对于年报可读性指标，本书主要使用两大权威字典。一是由国家语言文字工作委员会汉字处编著的《现代汉语常用字表》，该字典收录了现代汉语常用字，我们将该字典没有收录的汉字定义为难字。二是由国家汉语水平考试委员会编著的《汉语水平词汇与汉字等级大纲（修订本）》，该词典收录了常用词语，我们将该词典没有收录的词语定义为难词。（2）对于年报语调指标，本书使用的情感词典有：《清华大学李军中文褒贬义词典》《台湾大学情感词典》及《知网情感分析词典》，参照情感词典来识别年报中的积极词汇与消极词汇，并进行词频统计。（3）利用 Python 的 jieba 包进行分词并统计难字频率与情感词汇数据，如果同一个难字或同一个情感词汇在一份年报中多次出现，则按累计数进行统计。（4）通过计算机断句字符来识别句子，若以句号、感叹号、问号等结尾则被定义为句子，并统计句子数量。

第二步，构建年报可读性指标，本书基于汉语语言学理论，采用计算机文本分析技术，使用权威机构编纂的汉语词典（如《现代汉语常用字字典》《汉语水平词汇与汉字等级大纲（修订本)》），从复杂字、难词、句子长度与文本内存大小四个方面构建年报可读性综合指标，填补了现有文献只考虑字词复杂性（如 Fog 指数）和年报长度（如年报内存大小）的研究空白（Li，2008；Loughran and McDonald，2014），同时，文本信息挖掘和分析全部由 Python 自动完成，克服了传统语言学研究通过问卷调查和学生实验打分等导致的指标构建较为主观的研究缺陷（孙蔓莉，2004）。

第三步，构建年报语调指标，我们采用汉语言学的三大权威情感词典（如《台湾大学情感词典》《清华大学李军中文褒贬义词典》与《知网情感分析词典》），从积极语调占比、消极语调占比和净语调三个维度构建年报语调指标，有效缓解了现有国内研究基于英文情感词典进行机器翻译的结果来构建年报语调指标的测度误差。

第四步，构建年报相似度指标，本书采用 Python 与 LDA 相结合的自然语言处理技术来计算年报文本相似度，使用当前文本分析领域运用最广泛的余弦函数度量相似度。同时，考虑到年报的撰写需要参照《公开发行证券的公司信息披露内容与格式准则第 2 号——年度报告的内容与格式》，可能导致部分章节内容高度模板化，而管理层讨论与分析（MD&A）既是管理层对公司过去经营状况的评价和对未来发展趋势的前瞻性判断，也是对企业财务报表中所描述的财务状况和经营成果的解释，具有一定的主观化披露特点，是计算年报文本相似度较为理想的语料库（Brown and Tucker，2011），故采用以上市公司前后两年管理层讨论与分析部分的余弦相似度作为年报相似度的指标。

第三节　研究内容和创新点

一、研究内容

本书基于当前我国上市公司年报文本策略性披露行为日趋复杂的现实背景，以及既有文献对"年报文本信息有用性"尚存争议的理论背景，拟研究以下三个具体问题：一是年报文本信息策略性披露会影响使股价崩盘风险吗？二是年报文本信息策略性披露会影响审计决策吗？三是弱关系嵌入会影响年报文本信息策略性披露吗？前两个问题主要从投资者和审计师视角研究年报文本信息策略性披露的经济后果，第三个问题主要从事务所变更视角考察年报文本信息策略性披露的影响因素。有鉴于此，我们层层递进地展开研究。

（1）基于国内外文献，我们从年报文本信息策略性披露的动机、年报文本信息策略性披露与使用者信息解读两个方面出发，详细梳理了年报文本信息策略性披露的相关文献，并对现有研究不足之处进行简要评述。

（2）选取资本市场中两类重要的年报信息使用者——投资者和审计师作为研究对象，考察年报文本策略性披露的经济后果和影响因素。具体内容如下：

第一，基于不完全相关假说以及语言学的相关研究，以 2009～2017 年中国 A 股上市公司为研究对象，采用文本分析技术，实证检验年报可读性对股价崩盘风险的影响。研究发现：首先，上市公司披露的年报可读性越差，其未来股价崩盘风险越高。其次，年报语调的联合效应检验发现，管理层在年报中配合性地披露积极语调会进一步加剧年报可读性对股价崩盘风险的负面效应。最后，影响机制检验与不同情境下截面分组检验发现，年报可读性主要通过降低企业与外界的信息透明度来增加股价崩盘风险，且二者的相关关系在业绩压力较高、内控质量较低的企业中更加显著。上述检验结果表明，为达到掩盖"坏消息"的目的，管理人员会通过撰写复杂、可读性较差的年报来增加投资者的信息解读成本,导致股价崩盘风险上升。该部分研究内容有助于从股价崩盘的视角更好地理解年报可读性策略性披露的经济后果,也为监管部门完善财务报告信息披露制度、维护资本市场稳定提供经验证据。

第二,以我国 2007～2017 年 A 股非金融类上市公司作为研究对象,从审计收费的视角考察年报语调对审计决策的影响。研究发现:首先,年报语调越积极,审计师收取的审计费用越多,且该结论经过内生性检验等一系列稳健性测试后依然成立。其次,影响机制检验发现,被审单位的经营风险上升是导致审计师做出上述决策的一个重要原因。最后,截面分组发现,年报语调对审计费用的正向作用仅存在于民营企业和信息不对称较高的公司中;审计师专业能力和事务所规模在年报语调和审计决策的关系中起到调节作用,审计师专业能力会强化年报语调对审计费用的正向关系,而事务所规模则会弱化二者关系;另外,年报语调越积极,审计师的努力程度越高,提供的审计质量也越高。上述研究表明,审计师会对年报中异常积极的语调信息保持应有的职业关注,并在做出审计决策时考虑语调操纵对审计风险的影响。该部分研究不仅为监管部门更好地制定年报语调操纵的治理政策提供经验证据与理论参考,还对投资者、分析师等年报使用者深入认识语调信息有所裨益。

第三,基于我国的国情,以事务所变更作为研究场景,基于 2008～2017 年 A 股非金融类上市公司数据,考察事务所与客户之间弱关系如何影响管理层的年报相似度披露策略。研究结果表明:公司变更会计师事务所后,年报相似度显著上升,同时区分变更原因后发现,因公司治理因素而发生事务所变更更可能导致年报相似度上升。进一步地,事务所变更对年报相似度的正向效应在四大变更为非四大、高行业竞争度以及高审计费用溢价的公司中更显著。与此同时,经济后果检验揭示出,换所后的文本相似度操纵行为会损害企业价值。另外,针对其他文本质量的拓展性测试发现,事务所变更会导致年报文本信息披露的复杂度上升,但对年报语调没有显著影响。该部分研究对于加强事务所变更后的年报文本信息披露监管、治理上市公司的模板化信息披露行为具有重要启示意义。

(3)依据本书的研究结果为监管部门、上市公司和投资者提供监管层面和实务层面的政策建议。首先,政策制定方面,现有准则文件多将财务报告的数字信息作为市场监管的重点内容,而对文本信息的关注相对不足。例如,我国的《企业会计准则》主要围绕企业发生的交易或事项的会计确认、计量和报告进行指导规范，而与会计信息编报和呈现有关的规定往往是作为一项附属内容。本书研究揭示出，上市公司管理层不仅能利用财务报告的文本信息进行策略性披露，影响信息使用者的决策判断，其产生的经济后果还会导致企业股价崩盘和信息资源错配，波及资本市场稳定。因此，监管机构应加强对会计信息披露形式这一薄弱环节的监管、完善上市公司信息披露制度、加大对文本信息操纵等违规违法行为的惩罚力度，以构筑良好的市场监管体系，防范重点领域风险。其次，公司治理方面，经理人员出于自利考虑会进行文本信息策略性披露，且这种行为多发生于内外部治理较为薄弱的企业，这一方面表明与财务数字信息操纵一样，文本信息策略性披露也是一种机会主义行为，另一方面也说明加强公司治理、制定合理的薪酬契约能够有效遏制管理层自利动机。因此，企业内部权力与制衡部门应意识到若不能对管理层的文本操纵行为实施有效治理，可能会给企业带来极端的负面后果，引发股价崩盘，加重贷款违约风险。最后，投资实务方面，我们的研究结果表明，披露复杂且语调较强的财务报告可能与隐藏坏消息有关，会加大企业与投资者、银行的信息不对称，这意味着年报文本信息披露质量直接决定着投资者的决策质量，因而投资者、审计师在进行投资决策或审计决策时，要格外重视财务报告的文本信息，不可单独地依赖管理层在财务报告中对企业情况的表述孤立地进行决策，而应借助多方面信息渠道，正确识别可能存在的策略性披露行为，避免因信息不对称而导致投资者和审计师遭受重大损失。

本书的内容框架如图1-1所示。

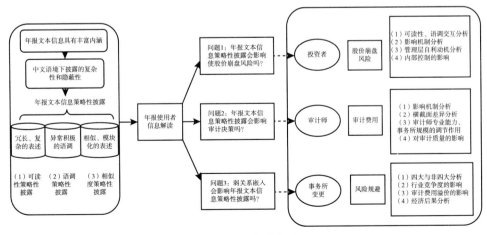

图1-1 内容框架

二、研究创新点

本书的研究特色包括以下三个方面，同时也体现了本书的创新点。

第一，研究对象的创新。年报使用者的信息解读能力一直以来都是学术界研究的重点内容，但传统上，学者们主要研究分析师、媒体等信息中介机构的信息解读的市场反应，而鲜有研究文本信息策略性披露是否会影响投资者和审计师的信息解读能力，以及信息解读能力的差异是否会导致使用者做出不同的决策判断。大量研究发现，企业与投资者、审计师之间的信息不对称不仅与企业所披露的信息质量有关，还取决于投资者、审计师的信息解读能力。同时，我们也不能忽视，不同的年报使用者信息解读能力本身也存在一定差异。相比于一般投资者，审计师拥有更丰富的信息搜集渠道、更严格的信息审核机制和更专业的项目团队，具有较高的信息解读能力。故我们以投资者和审计师这两类重要的年报使用者作为研究对象，拟考察年报使用者解读能力的差异可能导致文本信息策略性披露产生不同的资本市场效应，实现了研究对象的创新。

第二，研究视角的创新。与目前从盈余数字、择时披露或其他分项信息等视角来考察财务报告策略性披露不同，本书重点研究了更适合中文语境的两种信息披露形式——年报可读性策略性披露和年报可读性联合语调策略性披露。我们认为，基于中国背景来考察以上两种披露方式具有一定优势，这是因为中国是一个高语境传播社会，尤为强调易经式的圆通文化，人们之间的沟通更加含蓄委婉，字面意思往往与真实含义存在较大差异，需要阅读者用心揣摩。同时，汉语在遣词造句上的灵活性与复杂性也会给使用者正确解读公司信息造成很大障碍。因此，相比于其他的文本披露方式（如文本主题操纵、图表占比管理等），在中文语境下管理层借助可读性和语调进行策略性披露的空间更大、更为隐蔽，其产生的资本市场效应也更加复杂。本书基于中文语境，从文本信息的角度出发，丰富了财务报告策略性披露经济后果的相关文献，实现了研究视角的创新。

第三，实践运用的创新。随着年报文本策略性披露行为的日益增多，监管部门必须要厘清的一个问题是日趋复杂、带有主观色彩的年报文本还能否为投资者提供相关、可靠的会计信息？实际上，美国证券交易委员会早在 1998 年的时候就注意到这一问题，其在 1998 年颁布的 *Rule* 421（*d*）明确指出，上市公司在撰写招股说明书时应严格遵守"简明英语"规则（Plain English Rule），以向"最不精明"（least-sophisticated）的投资者清晰、简明地传递披露的财务信息。可是，我国的相关政策文件对会计文本信息的关注不足，证监会仅在 2015 年修订的《公开发行证券的公司信息披露内容与格式准则第 2 号——年度报告的内容与格式》中提及，"在不影响信息披露完整性的前提下，年报语言应表述平实，清晰易懂，力戒空洞、模板化，保持语言简洁"，"年报中不得使用祝贺、恭维、推荐性的措辞"，并未给出具体可操作的执行规范。那么，在资本市场相对缺乏文本信息披露准则规范的情况下，上市公司很可能会大规模地借助可读性及语调进行策略性披露。因此，本书实现了实践运用的创新。

第四节　研究结构和安排

本书拟从股价崩盘风险、审计费用决策和事务所变更视角出发，探讨年报文本信息策略性披露的经济后果与影响因素。依据上述研究问题、研究思路、研究方法和研究内容，本书绘制了研究结构图，如图 1－2 所示。由图可知，本书主要由引言、研究现状和文献总结、问题的提出、研究设计、实证检验、论文结论和启示等主体构成。本书具体的结构和安排如下：

第一章为引言。在现实背景与理论背景下，本书指出了年报文本信息策略性披露研究面临的现实困境和理论争议。据此，本书界定了研究内容：从股价崩盘风险、审计费用决策视角考察年报文本信息策略性披露的经济后果，以及从事务所变更视角考察年报文本信息策略性披露的影响因素，并提出了三个具体研究问题：年报可读性策略性披露会影响股价崩盘风险吗？年报语调策略性披露会影响审计决策吗？弱关系嵌入会影响年报相似度策略性披露吗？

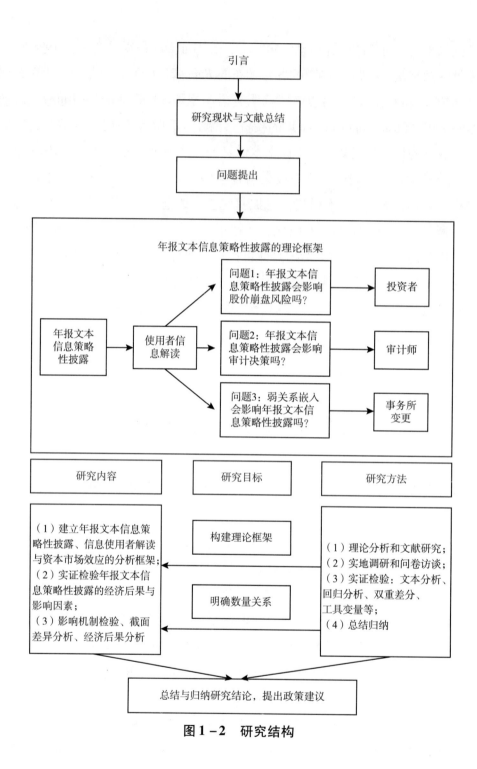

图1-2　研究结构

第二章为文献综述。通过文献收集、归纳整理与文献评述的方法，全面梳理了涉及年报文本信息策略性披露的经济后果与影响因素的国内外文献，并详细阐述了现有文献的不足与本书应予以改进之处。

第三章为年报文本信息策略性披露对股价崩盘风险的影响研究。本书通过理论分析提出研究假设，确定了实证研究思路，并详细阐述了研究样本、数据来源、变量定义和模型设计等问题，建立了回归模型。研究发现：第一，上市公司的年报可读性越差，其未来股价崩盘风险越高，表明管理层为隐藏负面消息可能会撰写复杂、可读性差的财务报告；第二，本书检验了另一种文本操纵方式——年报语调管理的联合效应，研究发现，年报语调越积极，年报可读性与股价崩盘风险关系越显著，表明管理层可能会配合性地在年报中披露超常积极语调来增加投资者信息的解读成本，误导其对公司基本面的认识；第三，本书检验了年报可读性对股价崩盘风险的具体影响机制，发现年报可读性主要通过信息不对称机制来影响股价崩盘风险；第四，本书依据管理层自利动机强度进行分组检验，发现股价崩盘风险增加效应仅在高管面临较大业绩压力的企业中存在，而在业绩压力较小的企业并不存在；第五，考虑到不同质量的内部控制对可读性策略性披露行为的治理作用不同，本书据此分组检验发现，年报可读性与股价崩盘风险的负相关关系仅在内控质量较低的公司中更显著。

第四章为年报文本信息策略性披露对审计决策的影响研究。本章主要研究年报语调是否以及如何影响审计决策，并针对不同研究问题，实证检验了企业横截面差异对研究结果的影响以及引发经济后果的具体影响机制，以进一步丰富本书的研究内容。研究发现，年报语调越积极，审计师收取的审计费用越高。进一步分析发现，年报语调能够通过增加被审单位的经营风险从而导致审计师做出增加审计收费的决策；审计费用增加效应仅在民营企业和高信息不对称公司中存在；审计师专业能力会强化年报语调对审计费用的正向关系，而事务所规模则会弱化二者关系；面对异常积极的年报语调，审计师的努力程度也会随之提高，表现为更高的审计质量。上述研究从审计视角证实年报语调确实是一种除财务报表外另一种可以被管理层操纵的信息，异常积极的语调反映出被审单位在经营方面可能存在重大错报风险。同时，审计师作为为年报信息提供鉴证服务的专业人士，能够对年报中的异常语调信息保持足够的职业关注，并通过增加审计投入方式以确保更高的审计质量，降低审计风险。

第五章为弱关系嵌入对年报文本信息策略性披露的影响研究。本章主要采用 MD&A 余弦相似度研究事务所变更下管理层为规避风险会做出何种文本相似度的披露策略。主要的实证发现：事务所变更与年报文本相似度正相关，且该结论经过内生性检验、排除替代性解释、替换关键变量等一系列稳健性检验后依然成立。实证结果印证了在事务所变更期间，企业为规避风险会采取保守的文本相似度披露策略，即加大年报的模板化内容，减少特质性信息，从而增加文本相似度。进一步检验发现，上述检验结果主要存在于由审计质量较高事务所向审计质量较差事务所变更、同行业竞争压力更大以及审计合谋可能性更高的样本中。最后，经济后果检验发现，事务所变更产生的文本相似度策略性披露行为会加重信息不对称，降低公司价值。

第六章为研究结论与展望。在研究结论部分，本书提出了核心观点和相关政策建议，并对未来研究的展望和可能的选题进行了全面剖析。

第二章
文献综述

与本书研究内容联系最紧密的有两类文献：第一类为年报文本信息策略性披露的动机研究，第二类为年报文本信息策略性披露与使用者信息解读的研究。然后，本部分将围绕以上两类文献的研究现状进行简要评述。

第一节　年报文本信息策略性披露的动机研究

年报文本信息具有以下三个方面的丰富内涵。第一，年报的文本中包含了诸如会计政策、会计方法等重要信息，管理层在制定会计政策和选取会计方法上又往往具有一定的主观性和灵活性，需要信息使用者具备较高的专业素养进行判断。第二，年报文本是管理层与报告使用者进行沟通的重要载体，很可能蕴含着管理层的特征和动机，报告使用者若无法对这些文本信息进行正取解读就难以做出准确的决策判断。第三，年报中包括"董事会的讨论与分析""现任董事、监事、高级管理人员的主要工作经历及兼职情况""重大风险提示""内部控制情况""财务报表附注"等大量文本信息，而这些信息对于使用者全面了解公司基本面特征来说极为重要。

现有研究认为，管理层自利是影响可读性和语调披露的一个重要因素。持这一观点的代表性人物是布龙菲尔德（Bloomfield，2002），他提出由于信息搜寻成本的存在，股价对公司披露信息的反应是不完全或滞后的，因此，在公司业绩差时，管理层有更强烈的动机混淆公司所披露的信息。布龙菲尔德（2002）的研究为后续文本信息策略性披露动机的实证研究提供了理论基础。李（Li，2008）采用"迷雾"指数度量年报可读性，实证检验了年报可读性与盈余质量的关系。研究发现，盈利状况不佳的企业往往会披露复杂的财务报告，如使用烦琐的语言与冗长的句子进行表述。黄等（Huang et al.，2014）的研究发现，管理层为进行正面印象管理会在业绩新闻发布会文本中披露较高比例的积极语调。李和张（Li and Zhang，2015）利用卖空制度的实施作为外生事件研究发现，卖空压力会导致管理层策略性地增加年报中坏消息的复杂度。罗等（Lo et al.，2017）以当年进行盈余管理来赶超上年盈余的企业为样本，发现这类企业往往拥有更复杂的管理层讨论和分析，表明传统的盈余管理与文本操纵之间可能存在一定程度上的替代关系。国内方面，近几年也有少量学者考察了年报可读性及语调披露行为的自利动机。王克敏等（2018）系统研究了年报可读性与管理者自利的关系，发现相比于业绩较好公司，业绩较差公司年报文本信息的复杂性更高，且年报文本信息复杂性越高，管理者获得的超额薪酬越高；进一步地，相比业绩较好公司，业绩较差公司年报文本信息复杂性的短期、长期市场反应更积极。以上结果表明，通过操纵年报文本信息复杂性，管理者能够获取更高超额薪酬，并提高公司市场估值。曾庆生等（2018）探讨了年报语调对内部人交易行为的影响，发现年报语调越积极，公司高管在年报公布后一段期间内的卖出股票规模越大，净买入股票规模越小，表明年报语调成为除会计报表以外另一种可以被内部人管理或操纵的信息。

年报可读性和语调披露与管理层自利的实证研究面临的一个挑战是如何测度年报可读性和语调。现有研究主要使用年报的字数、句子长度和 Fog 指数等指标来测度年报可读性（Li，2008；You and Zhang，2009；Lee，2010；Merkley，2014），其中 Fog 指数是最常见的一种方法，衡量的是文本中单词和句子的复杂程度，其计算公式为：平均每句话包含的词数 × 0.4 + 平均每个词包含的字母数 × 0.4。洛克伦和麦克唐纳（Loughran and McDonald，2014）对 Fog 指数提出了质疑，认为由于年报中有大量多音节的常用商业词汇，而投资者解读这些词汇并不困难，因而 Fog 指数并不能较好地衡量文本的复杂度，有鉴于此，他们采用年报内存大小这一更加客观的指标作为年报可读性代理变量。测度年报语调的一种常用方法是基于特定的情感词典，并使用计算机文本分析方法从年报文本中挖掘出制定的情感词汇进行语调数据统计，这其中最为广泛使用的词典有《哈佛词典》等（Davis et al.，2008；Kothari et al.，2009）。然而，也有研究指出《哈佛词典》并不是专门针对财务领域，因而并不适用于分析公司财务报告（Loughran and McDonald，2011）。在此基础上，洛克伦和麦克唐纳（2011）构建了一套完整的《金融情感英文词汇》，用于检验语调对收益波动、超预期盈利等的影响，发现使用《金融情感英文词汇》能够有更好的效果。国内的研究也多是基于《金融情感英文词汇》的英文版本，然后采用有道词典、金山词霸等进行翻译来构建中文语境下的年报语调指标（曾庆生等，2018）。

第二节　年报文本信息策略性披露与使用者信息解读的研究

　　随着文本分析受到学术界的日益重视，国外金融和会计领域的学者开始逐渐关注年报文本信息策略性披露对年报使用者信息解读的影响。信息使用者解读能力是指使用者对其获取的信息进行解读的能力（Tan et al.，2014）。赫什莱佛和蒂欧（Hirshleifer and Teoh，2003）认为，解读文本中隐含性的信息要比直接从财务数字中获取信息的成本要高得多，加上投资者的认知资源有限，因而市场对文本信息的反应效率要低于数字信息。后续文献分别从盈余公告后的股价漂移、市场反应和分析师预测三个方面入手对此进行了实证检验。费尔德曼等（Feldman et al.，2010）以10－K报告和10－Q报告的MD&A为文本研究了策略性披露与股价漂移的关系，发现在当期季报披露后的两天至下期季报披露后的两天内，MD&A中披露的语调越强，股价漂移现象越明显，并且在控制盈余管理、非预期收益等变量后这一现象依然存在。李（2010）研究发现，资本市场对年报中披露的某些信息存在明显的反应不足，如年报中披露的与"风险"有关的词语。朱朝晖和许文瀚（2018）研究发现，较差业绩的公司会策略性地安排管理层语调词的分布，且管理层语调离差策略的文字安排对分析师预测乐观度有显著影响。不过，也有研究发现，文本信息策略性披露不仅不会弱化使用者的信息解读能力，相反文本信息的披露是一种有效的信号机制，可以向市场传递有用信息。例如，林乐和谢德仁（2016）研究发现，投资者对业绩说明会上管理层的净正面语调做出了显著的正向反应，尤其是对负面语调做出了显著的负向反应，表明投资者会听话听音，语调披露具有积极的信息效应。王雄元等（2017）研究发现，年报中风险信息披露的频率越高，分析师预测准确度越高。王雄元和高曦（2018）的研究表明，年报中与风险有关的文本信息披露越多，市场给予的信任越多。可见，学术界对文本信息策略性披露是否影响使用者信息解读的问题尚存争议。本书正好可以为解释这一争议提供一种可能视角，从股价崩盘风险和贷款违约风险视角考察年报可读性及语调披露对年报使用者信息解读的影响，即研究可读性与语调交互披露策略能否为管理层隐藏坏消息提供空间，从年报使用者信息解读的视角呼应文本信息策略性披露经济后果这一个正在崛起的研究领域。

梳理现有文献发现，大量学者从投资者、分析师和债权人等视角考察了财务报告可读性对资本市场参与者决策的影响。

第一，从投资者角度来看。经典的财务理论认为，投资者从资本市场中提取信息的难度与市场效率有关（Grossman and Stiglitz，1980）。进一步地，有经验证据证实，信息披露的格式可能会影响投资者信息获取和解读能力（Hodge et al.，2004；Elliott，2006）。之后，大量学者开始探讨年报可读性是否可以引发同样的效应。由和张（You and Zhang，2009）研究发现，财务报告越长，资本市场的反应越慢。比德尔等（Biddle et al.，2009）基于投资效率的角度研究发现，可读性高的年报可以通过增加信息透明有效抑制过度投资和投资不足行为。米勒（Miller，2010）考察了文本可读性对交易行为的影响发现，复杂的文本信息降低了交易量，特别对小规模投资者这种效应尤甚。伦内坎普（Rennekamp，2012）在考察投资者对披露可读性的反应时，认为导致投资者对复杂文本反应不足的原因是，复杂的文本信息会增加投资者的信息处理成本，导致投资行为趋于保守。近年来实验研究方法的运用为这一领域的研究开辟了全新视角，例如，谭等（Tan et al.，2015）采用实验模拟技术研究了可读性与业绩标准一致性如何影响投资者的决策判断，实验结果显示，在上市公司披露的业绩信号与实际业绩不一致的条件下，信息披露的可读性可以提高投资者对公司当前季度业绩的理解，继而有助于对公司未来业绩做出更准确判断。

第二，从分析师角度来看。传统观点认为，由于分析师具备金融财务的专业知识，因而对企业披露的信息能够进行较好地解读，同时分析师还可从政界、商界的人脉资源中获取大量私有信息提升预测精准度（Lang and Lundholm，1996；Healy et al.，1999）。但近年来大量研究却发现，复杂的信息披露形式会增加分析师的信息处理与解读成本，尤其当面对复杂财务报告，分析师的作用会受到极大限制，并对其预测的准确性造成负面影响。例如，莱哈维（Lehavy et al.，2011）在检验年报复杂度对分析师行为的影响时发现，年报的迷雾指数越高，分析师盈利预测分散度越高，准确性越低。同时洛克伦和麦克唐纳（2014）

以年报内存数衡量年报可读性也得到了类似结论。反观国内，丘心颖等（2016）基于中国市场的研究也发现，年报复杂性与分析师关注存在显著正相关关系，但并没有发现年报复杂性与分析师预测质量之间具有正相关性的经验证据，表明分析师对复杂年报的专业解读作用有限。

第三，从债权人角度来看。过往文献主要着眼于定量会计信息如何影响债务契约，而对文本信息的研究相对缺乏。邦索尔和米勒（Bonsall and Miller，2017）借助1998年SEC颁布简明英文项目（Plain English Project）这一外生事件实证检验了年报可读性对债券评级和债务成本的影响。研究发现，相比于不受影响的控制组，被要求提高可读性的实验组企业在外生冲击后获得了更有利的债券评级和更低的债务成本。埃尔图格尔等（Ertugrul et al.，2017）的研究表明，上市公司年报的内存数和模糊词汇的比例越大，与债权人签署的贷款合同条款越苛刻，意味着复杂和含糊不清的年度报告不仅会增加债务市场的信息不透明程度，还会导致股东承担更高的外部融资成本。

当前，关于语调与资本市场参与者决策的研究，学者们持两种对立观点。语调信息有用观认为，文本语调中包含了公司未来经营业绩的增量信息，有助于提高盈余预期准确性。特洛克等（Tetlock et al.，2008）考察了语调对企业收益和股票回报的影响，发现企业特定新闻报道中负面词汇比例越高意味着公司盈利能力越低，这说明投资者可以利用文本中的语调信息了解公司基本面的其他难以量化的信息。李（2010）则采用贝叶斯机器学习算法区分语调，检验了管理层分析与讨论部分中前瞻性陈述的语调特征，发现业绩越好、规模越小、波动率越低的公司会使用更多的正面语调进行信息披露，另外，前瞻性信息的语调也与公司未来盈利能力和流动性显著正相关，这说明年报的语调对未来盈利同样具有增量解释力，有助于预测公司未来盈余信息。在总结前人的基础上，洛克伦和麦克唐纳（2011）通过构建新的语调词典发现，管理层披露文本的语调会引起股票价格的波动，说明市场投资者会识别并利用年报中的语调信息。戴维斯（Davis et al.，2012）以业绩新闻稿为研究样本，通过构建每篇业绩新闻稿的净积极语调，也发现类似的结论：管理层语调越积极，累计异常收益越高。桑多列斯库（Sandulescu，2015）则从内部人行为的视角研究文本语调的有用性，发现年报中管理层分析与讨论的文本语调能反映内部人的交易行为，文本语调越积极，内部人买入股票越多，卖出股票越少。我国学者谢德仁和林乐

（2015）同样使用"词袋"方法，以上市公司业绩说明会的文本信息为研究样本进行研究，结果表明，管理层语调有助于预测公司未来业绩，管理层积极语调及净积极语调与下一年业绩显著正相关，管理层负面语调与下一年业绩显著负相关，这意味着管理层披露的文本语调具有信息含量。

然而，也有学者对语调有用性存在质疑。语调信息无用观认为，与年报可读性一样，文本语调同样可以作为管理层信息操纵的工具。布罗克曼等（Brockman et al.，2013）以电话会议作为管理层语调的文本分析基础，发现电话会议中积极的语调预示着内部人卖出股份的行为，反之则反，这表明文本语调是内部人管理或操纵信息披露的一种手段；黄等（Huang et al.，2014）以年度盈余公告文本信息为研究对象，将语调情感倾向分为适应当期业绩的正常语调和偏离实际业绩水平的异常语调，研究发现，公司异常积极的语调与公司未来负向盈余和负向现金流正相关，这表明管理层对语调存在策略性管理行为。阿利和迪安吉里斯（Allee and DeAngelis，2015）研究语气离散度与业绩的关系，结果表明，语调离散度语气分散与公司业绩、财务报告的选择以及管理层认知动机有关，分散的语调具有放大好消息或坏消息的作用。曾庆生等（2018）以中国上市公司年报语调数据为样本得到同样的结论，研究发现，年报语调越积极，高管在年报披露后卖出股票规模越大，净买入股票规模越小，这表明中国上市公司年报同样存在语调管理行为，成为除财务报表以外可以被管理层操纵的另一种形式。王华杰和王克敏（2018）研究了盈余管理对年报语调管理的影响，发现年报文本语调管理方向与盈余管理方向相同，说明管理层会通过操纵文本语调辅助其盈余管理行为，揭示出语调管理可以作为盈余管理的一种补充手段。

第三节 简 要 评 述

综合上述文献回顾，目前学术界的研究状况可以总结为以下四个方面：

第一，从上述文献可知，现有文献在考察年报使用者信息解读的资本市场效应时多聚焦于分析师和媒体的视角（Baber and Odean，2008；Bushee et al.，

2010；Bradshaw et al.，2012；谭松涛等，2015；丁慧等，2018），而鲜有研究文本信息策略性披露是否会影响投资者和审计师的信息解读能力，以及事务所变更期间事务所和客户之间弱关系是否影响文本信息策略性披露。不完全相关假说认为，投资者等年报使用者并不像有效市场假说中的那么理性，他们是具有极强主观判断能力的个体（Bloomfield，2002）。同时，大量研究信息不对称影响因素的文献证实，信息不对称不仅与信息披露者所披露信息本身的质量有关，还取决于使用者的信息解读（Chang et al.，2006；Liu，2011）。基于此，我们拟对文本信息策略性披露是否为影响使用者信息解读能力的一个重要因素进行研究，然后回答不同的年报使用者会对文本信息做出怎样不同的反应这一有趣的问题。

第二，现有文献在研究文本信息是否有用这一问题时所得出的结论并不一致，持有文本信息有用观和无用观两种观点。一方面，有研究证明管理层策略性地进行文本信息披露可以给投资者提供增量信息（Li，2008），如在年报中使用复杂的语言有助于向投资者解读错综复杂的经济事项和专业性较强的技术信息（Bloomfield，2008），同时披露的语调也能够较好地预测公司的未来业绩（Bochkay and Levine，2013）。另一方面，也有部分文献证明，在资本市场相对缺乏文本信息监管的情况下，文本信息的策略性披露相较传统的数字信息来说更加隐蔽且经济，因而年报文本中很可能充斥着操纵后的信息，这不仅严重误导了信息使用者的决策判断（You and Zhang，2009；Lehavy et al.，2011），还会降低价格有效性和资本市场效率（Loughran and McDonald，2014；Lo et al.，2017；Bushee et al.，2018）。可见，对于文本信息的有用性学术界尚存争议。本书拟从使用者信息解读的角度，为解释上述争议提供一种可能的视角。

第三，虽然研究单一文本策略性披露方式的文献有很多，如可读性、语调、文本相似度、文本主题、图标呈现等，但同时考虑将可读性和语调作为策略性披露方式的文献较少。国外学界只有两篇相关的学术论文，例如，谭等（2014）以 142 个 MBA 学生作为实验对象研究了语调、可读性和投资者信息解读的关系，发现当文本可读性较低时，以更多积极语调进行披露会导致金融素养较低的投资者获取更高的投资收益，但是当可读性较高时，积极语调则不会影响投资者的判断。埃尔图格尔（2017）考察了财务报告可读性和模糊语调对企业贷款的影响，发现企业年报的文件越大和模糊语调越多，其贷款合同越严格，表明管理层配合使用年报可读性操纵和语调管理会导致企业承担更高的外部融资成本。然而，基于中国背景来研究可读性联合语调的策略性披露具有一定优势，这是因为中国是一个高语境传播社会，尤为强调易经式的圆通文化，人们之间的沟通更加含蓄委婉，字面意思往往与真实含义存在较大差异，需要阅读者用心揣摩，因此，管理层借助可读性和语调进行策略性披露的空间更大，也更为隐蔽，若不给予有效监管与防范很可能会触发多米诺效应，对资本市场的健康运行造成一定的负面影响。

第四，梳理上述文献还发现，文本信息会对投资者的决策行为产生重要影响，而管理层有可能通过文本操纵影响公司信息，误导投资者（Huang，2014）。然而，现有关于会计师事务所变更的文献主要从可操纵性应计利润、股价崩盘等定量的角度探讨会计师事务所变更所导致的经济后果，而忽略了管理层可能采用更为隐蔽的文本操纵方式，在文本语言上对投资者的影响。实际上，与标准化的财务数字信息相比，非标准化的文本信息在公司对外披露的信息中所占比重更大，可以更形象的传递出公司的运营状况及未来潜在的风险，并且其通常具有财务数字信息难以体现的丰富内涵（Hall，1976）。因此，本书从财务报告文本的角度探讨会计师事务所变更的经济后果具有重要意义。

第三章
年报文本信息策略性披露对
股价崩盘风险的影响研究

第一节　问题的引入

近年来，随着年度报告文本信息占公司对外披露信息比重的不断上升以及披露形式的持续复杂化，年报可读性成为业界和学界关注的热点问题。美国证券交易委员会在 1998 年颁布的 *Rule* 421（*d*）中指出，上市公司在撰写招股说明书时应严格遵守"简明英语"规则（Plain English Rule），以向"最不精明"（least-sophisticated）的投资者清晰、简明地传递披露的财务信息。此后，众多学者围绕年报可读性展开了大量研究，逐渐形成了两种对立观点。一部分学者认为，年报文本信息具有很高的信息含量（Li，2008），在年报中使用复杂的语言有助于解读错综复杂的经济事项和专业性较高的技术信息（Bloomfield，2008）。另一部分学者则认为，在资本市场相对缺乏文本信息监管的情况下，披露复杂、冗长的文本信息很可能是管理层有意而为之，这不仅会误导投资者的决策判断（You and Zhang，2009；Lehavy et al.，2011；Lo et al.，2017），还会降低资本市场效率（Loughran and McDonald，2014；Bushee et al.，2018）。相较国外较为成熟的研究成果，基于中文语境的研究尚处于探索性阶段，仅有几篇文献从管理层自利视角考察了年报可读性披露的动机（王克敏等，2018），以及对分析师信息解读的影响（丘心颖等，2016），鲜有涉及宏观资本市场层面的研究。然而，与国外成熟的资本市场不同，我国的资本市场根植于转型经济中，市场监管和公司治理相对薄弱（Allen et al.，2005），制度环境差异可能导致国外已有研究结论在我国并不适用。同时，不同于英语，汉语是结构复杂、表意丰富的语言（黄伯荣和廖序东，2017），尤为强调圆通式的易经文化，这客观上也为管理层借助年报可读性进行策略性披露提供了便利。那么，在此背景下，上市公司披露可读性较差的年报会对我国资本市场产生怎样的影响呢？本书拟研究年报可读性对股价崩盘风险的影响，为研究这一问题提供一个可能的视角。

股价崩盘是市场监管重点防范的内容，也是学术界关心的重要主题之一，甚至还不时成为公众热议的话题。以 2015 年中国股市经历的一轮暴跌为例，从

6 月 12 日开始的三年时间里，上证指数从最高 5 178 点，下跌至 3 109 点，跌幅近 40%，而创业板指数从高点 4 037 点，下跌至 1 730 点，跌幅高达 57%，一时间 "股市崩盘" 的言论甚嚣尘上，"好利来一字跌停" "中宇卫浴股票暴跌" "盛世乐居跌势凶猛" 等关键词也纷纷进入各大网络平台的热搜榜。股价崩盘风险持续走高不仅意味着投资者财富遭受巨大损失，还能透过若干渠道影响宏观经济运行，引发一连串多米诺效应。例如，股价崩盘会导致银行不良资产激增，引发债务危机，甚至还会蔓延到实体经济，触发流动性危机。党的十九大以来，党中央、国务院对维护市场稳定给予了高度重视。十九大报告要求 "健全金融监管体系，守住不发生系统性金融风险的底线"。习近平总书记在第五次全国金融工作会议上指出，"防止发生系统性金融风险是金融工作的根本性任务，也是金融工作的永恒主题。要把主动防范化解系统性金融风险放在更加重要的位置"。因此，在做好风险管控工作的同时，如何有效识别影响股价崩盘的潜在因素是摆在学界和业界面前的严峻问题。由此引申出一个关键问题：年报可读性是影响股价崩盘风险的一个潜在因素吗？系统研究这一问题不仅有助于恢复投资者对资本市场的信心，还有助于监管部门更好地防范系统性金融风险。

有鉴于此，本书将 2009～2017 年沪、深两市 A 股上市公司作为研究对象，实证检验了年报可读性对企业股价崩盘风险的影响。研究结果显示：第一，上市公司的年报可读性越差，其未来股价崩盘风险越高，表明管理层为隐藏负面消息可能会撰写复杂、可读性差的财务报告；第二，本书检验了另一种文本操纵方式——年报语调管理的联合效应，研究发现，年报语调越积极，年报可读性与股价崩盘风险关系越显著，表明管理层可能会配合性地在年报中披露超常积极语调来增加投资者信息的解读成本，误导其对公司基本面的认识；第三，本书检验了年报可读性对股价崩盘风险的具体影响机制，发现年报可读性主要通过信息不对称机制来影响股价崩盘风险；第四，本书依据管理层自利动机强度进行分组检验，发现股价崩盘风险增加效应仅在高管面临较大业绩压力的企业中存在，而在业绩压力较小的企业并不存在；第五，考虑到不同质量的内部控制对可读性策略性披露行为的治理作用不同，本书据此分组检验发现，年报可读性与股价崩盘风险的负相关关系仅在内控质量较低的公司中更显著。

本书的贡献主要体现在以下几个方面：第一，已有文献在考察财务报告信息披露与股价崩盘风险的问题上，主要基于数字信息的角度展开研究，相对缺乏对文本信息的讨论，本书则对此进行了深入探讨，突破了既有文献从数字信息研究的局限。第二，现有研究并没有对年报可读性是否影响股价崩盘风险的问题给予足够关注，本书提出了影响股价崩盘风险的新因素——年报可读性，进一步拓展了股价崩盘风险影响因素的研究领域。第三，自计算机文本分析技术引入财务研究领域以来，已有大量文献证实了年报可读性策略性披露对信息不对称、投资效率、分析师预测的影响，但却忽视了可能对股价稳定产生的影响，本书则从股价崩盘风险视角拓展了年报可读性策略性披露经济后果的相关研究。

第二节　理论分析与研究假设

年报可读性近来成为会计学领域关注的热点问题。现有研究认为，管理层自利动机是影响文本信息可读性的主要因素。持这一观点的代表性人物是布卢姆菲尔德（2002），他提出由于信息搜寻成本的存在，股价对公司披露信息的反应是不完全或滞后的，因此，在公司业绩差时，管理层有更强烈的动机混淆公司所披露的信息。布卢姆菲尔德（2002）的研究为后续文本可读性的实证研究提供了理论基础，李（2008）采用"迷雾"指数度量年报可读性，实证检验了年报可读性与盈余质量的关系。研究发现，盈利状况不佳的企业往往会披露复杂的财务报告，如使用烦琐的语言与冗长的句子进行表述。陆等（2017）以当年进行盈余管理来赶超上年盈余的企业为样本，发现这类企业往往拥有更复杂的管理层讨论和分析，说明传统的盈余管理与文本操纵之间可能存在一定程度上的替代关系。既然管理层操纵年报可读性很可能是一种策略性披露行为，那么，投资者又会做出怎样的市场反应呢？有经验证据证实，年报可读性策略性披露行为会影响投资者的信息获取和解读能力。游等（You et al.，2009）研究发现，财务报告越长，资本市场的反应越慢。比德尔等（Biddle et al.，2009）基于投资效率的角度研究发现，可读性高的年报可以通过增加信息透明度有效抑制过度投资和投资不足行为。米勒（2010）考察了文本可读性对交易行为的影响发现，复杂的文本信息降低了交易量，特别对小规模投资者这种效应尤甚。伦纳坎普（Rennekamp，2012）在考察投资者对披露可读性的反应时，认为导致投资者对复杂文本反应不足的原因是，复杂的文本信息会增加投资者的信息处理成本，导致投资行为趋于保守。

股价崩盘是上市公司引发的一种极端恶劣的经济后果，如何有效识别增加崩盘风险的潜在因素并寻找降低崩盘风险的治理因素是学术界迫切需要解答的重要理论问题。关于股价崩盘风险的成因分析，现有文献主要围绕信息不透明和企业内部人两方面展开。首先，基于信息不透明视角研究的基本观点是，不透明的信息环境为管理层隐藏坏消息提供了便利。一方面，股票市场的信息不透明使得投资者无法了解企业的真实运营状况，继而对股价预期做出误判，而一旦投资者获取真实信息后，大量抛售股票会引起股价暴跌（Jin and Myers，2006）；另一方面，公司内部信息不透明致使股东没能及时终止净现值为负的投资项目，投资失败导致公司业绩持续下滑也会引起股价暴跌（Hutton et al.，2009）。其次，基于内部人视角的研究认为，在代理框架下，内部人自利是导致股价崩盘的重要因素之一。管理层出于自利的考虑，如为获取超额薪酬、实现股权激励和达到避税目的，会采用"报喜不报忧"的披露策略，在一段时间内刻意隐瞒坏消息，致使负面消息累积到一定上限后集中释放，导致公司股价迅速下跌，进而引发股价崩盘（Kim et al.，2011a；Kim et al.，2011b；Xu et al.，2014）。

从既有文献来看，已有关于股价崩盘风险影响因素的研究主要围绕财务报表盈余信息展开，其基本观点为，粉饰盈余信息是隐藏坏消息的重要手段之一，如果坏消息累积至一定上限而集中释放，投资者大量抛售股票会导致股票价格崩盘（Kim et al.，2016）。然而，大量基于文本分析的研究表明，管理层可借助撰写复杂、冗长的年报来给投资者阅读年报造成障碍。那么，从这个角度分析，操纵文本信息可读性也能用来掩藏坏消息，成为管理层自利的工具，进而影响股价崩盘风险。遗憾的是，当前研究相对缺乏对这方面的探讨。为此，本书从年报可读性这一个正在崛起的研究领域出发填补了上述文献的空白。

与英语相比，中国特殊的语言环境不仅为管理人员进行年报可读性操纵提供了空间，也使得这种行为更复杂与隐蔽。首先，中国是一个高语境传播社会，语言的沟通更加含蓄委婉，字面意思往往与真实含义存在较大差异，需要阅读者用心揣摩。根据香农的信息论，信息熵为事件发生的所有可能性的期望平均值（Shannon，1948）。当语言的信息熵越高时，语言的不确定性、无序性越大。贝尔等（Behr et al.，2002）研究发现，与其他语言（如英语、法语、日语等）相比，汉语的信息熵最大。因此，在汉语语境下，不同的文字表述方式可以传递出更加丰富的信息内涵。其次，汉字本身具有较高的复杂性。20世纪90年代，美国学者尼斯贝特组织了一系列中西方文字的对比试验发现，使用汉字所产生的大脑皮层活动比使用拼音文字所导致的大脑活动更复杂。据中国语言文字工作委员会汉字处编著的《现代汉语常用字表》统计，汉字大约有8万个，但常用字仅2 500个，也就是说有近97%的汉字属于生僻字。当年报中出现过多的生僻字时，年报使用者可能会采取略读或跳读的方式进行阅读，那么遗漏重要信息的概率就会大大增加。最后，汉字也具有较好的可扩展性。在全球化的今天，随着大规模地引进西方先进的科学技术与管理制度，对于新出现的概念，可以很容易地创造新词或者使用不同的汉字进行排列组合，那么，在不增进其信息含量的情况下，一个概念乃至一句话若使用更长的文字进行表述，无疑会给年报使用者设置阅读障碍，降低年报的可读性。

印象管理理论认为，管理层会通过文本信息操纵的方式对年报进行印象管理，给年报阅读者留下尽善尽美的印象（孙蔓莉，2004）。年报披露作为最全面、最权威反映公司经营状况的信息渠道，往往是管理层对外呈现公司形象的重要方式。在年报信息的传递过程中，信息使用者受制于认知的局限会受到年报语言表述方式的误导，即相较于直截了当式的语言表述，圆滑隐晦式的语言表达更容易留下好的印象。这种信息解读上的偏差一旦被管理层获悉，可能导致策略性披露行为的产生，如当年报中存在负面信息时，管理层为了维护公司形象，实现信息的浮光掠影，在撰写年报时将更多使用复杂句式和曲折晦涩词语描述负面消息。从大量面临经营困境企业的年报中可以看出蛛丝马迹，例如，A公司在2016年出现严重的经营亏损，当年年报披露中使用了大量政策性词汇且句式多用转折。以行业状况说明为例："2016年是我国'十三五'规划的开局之年，也是我国船舶行业全面做强阶段的关键之年，但受国际船舶市场持续深度调整的影响……但公司仍充分结合国家提出的'一带一路'政策、'中国制造2025''新型城镇化建设''新能源战略'、环境保护、提高三四线城市和一线城市间基础设施互联互通、提高三四线城市教育、医疗等公共服务、振兴实体经济等一系列新政策、新方向。"① 相比而言，同行业业绩稳定的 B 公司，在年报中披露相同内容所使用的句子就显得言简意赅："2016 年全球经济增长趋缓，根据中国船舶工业行业协会统计，报告期全球承接新船订单量为 2 742 万载重吨，创下 20 年来新低，全球航运市场疲软，造船行业仍在深度调整期。海工装备方面，国际原油价格在低位徘徊，海洋油气勘探开发投资削减，海工装备运营市场作业需求萎缩。"② 可见，管理者在撰写年报文本方面确实存在策略性披露，语言表述的冗长委婉导致年报使用者很难准确认知文本信息的真实含义。

大量来自语言学的研究表明，文本表述的可读性和信息解读的准确性是两个相互竞争的维度。由于人类大脑中处理语言信息的资源是有限的，阅读者将注意力投射到语言复杂度层面会导致对信息准确度层面的忽视（Polat and Kim，2014），这意味着复杂的文本信息会增加阅读者的信息解读成本。依照"不完全相关假说"，信息解读成本是股价反映信息程度的决定因素（Bloomfield，2002）。由于公共信息解读成本的存在，投资者在面对海量信息时将不愿意花费大量的时间和精力对信息进行去伪存真，而是更多采取"搭便车"式的"羊群交易行为"。因而信息解读成本越高，该信息就越难被反映在股票价格中，这为管理层操纵年报可读性以增加信息解读成本提供了可能。例如，当公司存在负面信息需要披露时，管理层最佳的披露策略是在年报中使用晦涩难懂的语言使得坏消息信息解析成本大幅提高，而投资者基于成本考虑难以对该负面信息做出正确解读，导致股价中对该负面信息的反映减少，从而降低公司负面信息的释放程度，使得投资者的价格预期高于公司真实价值。

金和梅尔斯（Jin and Myers，2006）认为，在信息不对称的情况下，造成股价崩盘的主要原因是企业内部人对外界隐瞒负面消息。复杂的文本信息在一定程度上降低了财务报告透明度，增加了企业与外部投资者间的信息不对称，为管理层隐藏负面消息提供了操纵空间（Merkley，2014）。信息披露是外部投资者获取公司经营状况和发展形势相关信息的主要途径，因而信息的披露质量直接决定了信息的透明度。从经典的会计信息系统来看，财务报告透明度主要由会计信息的生产、编制、披露与解读这四部分决定，而年报可读性主要通过增加

---

① ② 巨潮资讯网，http：//www.cninfo.com.cn/new/index。

信息解读成本来弱化信息使用者解读会计信息的能力，从而降低透明度。不透明的财务报告使管理者能够在一段时间内实现掩盖公司坏消息的目的以解燃眉之急，却不能从根本上改善公司经营状况。随着时间的推移，坏消息催生的股价"泡沫"不断积聚，一旦超过阈值"泡沫"则会破裂，公司股价将出现"断崖式"下跌，最终引发股价崩盘。因此，当财务报告可读性下降时，上市公司未来股价崩盘风险可能会相应上升。基于此，本书提出如下假设：

H1：控制了其他因素后，上市公司年报可读性越差，其未来股价崩盘风险越高。

第三节　样本选择与模型设定

一、样本选取、数据来源与处理

本书选取 2009~2017 年 A 股上市公司作为研究对象。本书所需的上市公司年度报告来自巨潮资讯网，年报可读性及语调数据经 Python 处理获得，股票交易数据、公司财务及企业特征数据来自 CSMAR 数据库、Wind 数据库和 CNRDS 数据库。同时，本书剔除了金融类与变量缺失的样本。为消除极端值影响，本书对除虚拟变量外的所有连续变量进行了缩尾（winsorize）处理。

为挖掘年报文本数据，本书执行了如下处理程序：

首先，本书使用非关系数据库（MongoDB）来储存上市公司年报文本，利用 Python 中的 pdfplumber 包对年报 PDF 文档进行读取与解析，然后依次执行如下清洗程序：剔除年报中的表格；剔除标点、数字、英文字母等非汉字字符。

其次，本书依据可读性和语调指标特征添加所需的相关字典，并统计文本数据：对于年报可读性指标，主要使用权威字典，即由国家语言文字工作委员会汉字处编著的《现代汉语常用字表》，该字典收录了现代汉语常用字，本书将该字典没有收录的汉字定义为难字。对于年报语调指标，本书使用的情感词典有《清华大学李军中文褒贬义词典》《台湾大学情感词典》及《知网情感分析词典》，参照情感词典来识别年报中的积极词汇与消极词汇，并进行词频统计。

最后，本书使用 Python 的 jieba 包进行分词，并统计难字频与情感词汇数据。如果同一个难字或同一个情感词汇在一份年报中多次出现，则按累计数进行统计。如果积极词汇前包含否定词本书将其定义为消极词汇，反之亦然。此外，本书通过计算机断句字符来识别句子特征，一句话若以句号、感叹号、问号等结尾，则被定义为句子。

二、变量定义与模型构建

1. 年报可读性

好的年报可读性指标应能够全面反映年报文本多个方面的语言特征。从现有研究来看，学者们起初主要聚焦于年报文本某一方面的语言特征来衡量可读性，如年报的难字频、平均句子长度等，这些研究认为，复杂的字词、句子是导致读者处理年报信息难度上升的重要因素（丘心颖等，2016）。但与这些单一指标相比，构建可读性的综合指标会更加客观，这其中 Fog 指数是最常见的一种方法，该指标综合考虑了单词和句子两方面的复杂程度，其计算公式为：平均每句话包含的词数 × 0.4 + 平均每个词包含的字母数 × 0.4（Merkley，2014）。之后，洛克伦和麦克唐纳（2014）又提出，在构建可读性指标体系时应增加年报文本内存大小这一特征因素，他们研究发现，内存越大的年报通常含有更多低价值相关性的冗长信息。此外，年报文件大小具有标准化的计算机度量口径，可以克服传统可读性指标在数据挖掘过程中的测量误差。有鉴于此，本书从汉字、句子与年报文件三个方面出发，采用主成分分析法构建年报可读性指标。

首先，从汉字层面（Readability_a），不同于拼音文字，汉字并不是以字母为最小结构单位呈线形排列，无论笔画多少，所有的汉字都必须写在同样大小的方格中，其结构自然复杂繁多，因而汉字本身的复杂程度决定了文本阅读的难易程度。相关的研究也证实了这一点：汉字越复杂，读者认错的概率越高，理解与处理信息的速度越慢（彭聃龄和王春茂，1997）。左虹等（2014）以欧美留学生为实验对象发现，难字频是预测汉语文本可读性的重要因素之一。基于此，本书使用公式（3.1）衡量 i 公司第 t 年度年报汉字层面的复杂度：

$$Readability\_a_{i,t} = \frac{Complex\ Chinese\ Character_{i,t}}{Chinese\ Character\ Count_{i,t}} \tag{3.1}$$

其中，Complex Chinese Character$_{i,t}$ 表示 i 公司第 t 年度年报中的难字数，其中难字被定义为《现代汉语常用字》中没有收录的汉字。Chinese Character Count$_{i,t}$ 为 i 公司第 t 年度年报的总字数。Readability_a 数值越大，年报中难字的占比越高，年报汉字层面的可阅读性越差。

其次，从句子层面（Readability_b），语言学研究发现，句子对文本阅读的影响主要通过句长来体现，文本中句子越冗长，读者越难理解（张宁志，2000）。基于此，本书使用年报中句子的平均长度衡量年报句子层面复杂度，计算公式为年报总字数除以总句数。Readability_b 数值越大，年报中句子长度越长，年报句子层面的可阅读性越差。

再次，从年报文件层面（Readability_c），借鉴洛克伦和麦克唐纳（2014）的方法，本书选择年报文本占计算机内存大小的自然对数衡量年报文件层面可阅读性。Readability_c 数值越大，年报文件层面的可阅读性越差。

最后，本书将上述三个分指标（Readability_a、Readability_b 与 Readability_c）作为成分，采用主成分分析法构建年报可读性的综合指标（Readability）。具体而言，本书首先进行 KMO 检验和 SMC 检验，然后估计出累计贡献率，最终得到公式（3.2）。Readability 数值越大，年报可读性越差。

$$Readability_{i,t} = 0.390 \times Readability\_a_{i,t} + 0.312 \times Readability\_b_{i,t}$$
$$+ 0.300 \times Readability\_c_{i,t} \tag{3.2}$$

2. 股价崩盘风险

借鉴现有研究方法（许年行等，2012；Chen et al.，2017），本书使用个股负收益偏态系数（NCSKEW）、个股收益率上下波动比（DUVOL）和公司经历股价暴跌天数（COUNT）度量企业的股价崩盘风险，具体计算过程如下：

首先，计算上市公司 i 股票经过市场调整后的收益率：

$$r_{i,t} = \alpha_i + \beta_1 r_{m,t-2} + \beta_2 r_{m,t-1} + \beta_3 r_{m,t} + \beta_4 r_{m,t+1} + \beta_5 r_{m,t+2} + \varepsilon_{i,t} \tag{3.3}$$

其中，$r_{i,t}$ 为上市公司 i 股票在第 t 周的收益率，$r_{m,t}$ 为市场在第 t 周的加权平均收益率，$r_{m,t-2}$ 和 $r_{m,t-1}$ 为滞后项，$r_{m,t+1}$ 和 $r_{m,t+2}$ 为超前项，$\varepsilon_{i,t}$ 为个股周收益率中无法被市场加权平均收益率波动解释的部分。上市公司 i 股票在第 t 周经过市场调整后的特有收益率为：$W_{i,t} = \ln(1 + \varepsilon_{i,t})$。

其次，依据上市公司 i 股票在第 t 周经过市场调整后的特有收益率（$W_{i,t}$），本书构建个股负收益偏态系数（NCSKEW）和个股收益率上下波动比（DUVOL）：

$$\text{NCSKEW}_{i,t} = -\frac{\left[n(n-1)^{\frac{3}{2}} \sum W_{i,t}^3 \right]}{\left[(n-1)(n-2)\left(\sum W_{i,t}^2 \right)^{\frac{3}{2}} \right]} \tag{3.4}$$

其中，n 为上市公司 i 股票在第 t 年的交易周数。NCSKEW 越大，表明个股收益率的偏态系数负的程度越高，企业的股价崩盘风险越大。

$$\text{DUVOL}_{i,t} = \log\left\{ \frac{\left[(n_u - 1) \sum_{\text{Down}} W_{i,t}^2 \right]}{\left[(n_d - 1) \sum_{\text{up}} W_{i,t}^2 \right]} \right\} \tag{3.5}$$

其中，$n_u(n_d)$ 为上市公司 i 股票的周收益率高于（低于）当年周收益率均值的周数。DUVOL 越大，表明个股收益率的左偏程度越高，企业的股价崩盘风险越大。

最后，COUNT 为 i 股票在第 t 年经过市场调整后的收益率小于该收益率当年均值的 2.85 倍标准差以下的天数减去经过市场调整后的收益率大于该收益率当年均值的 2.85 倍标准差以上的天数。COUNT 的数值越大，股价发生暴跌的天数越长，企业的股价崩盘风险越大。

3. 模型构建

为考察年报可读性对股价崩盘风险的影响，本书构建了如下回归模型：

$$\text{CrashRisk}_{i,t} = \alpha + \beta_1 \text{Readability}_{i,t-1} + \beta_2 \text{Control}_{i,t-1} + \text{Year} + \text{Industry} + \text{FE} + \varepsilon_{i,t-1} \tag{3.6}$$

其中，因变量为 $\text{CrashRisk}_{i,t}$，为第 t 期股价崩盘风险，由 $\text{NCSKEW}_{i,t}$、$\text{DUVOL}_{i,t}$ 和 $\text{COUNT}_{i,t}$ 三个指标构成；自变量为 $\text{Readability}_{i,t-1}$，为第 t-1 期年报可读性；$\text{Control}_{i,t-1}$ 为第 t-1 期控制变量，参照现有国内外文献（褚剑和方军雄，2016），本书加入了如下控制变量：Size（企业规模）、Lev（财务杠杆）、Agentcost（代理成本）、ROA（经营绩效）、BM（账市比）、Share（股权集中度）、DTURN（去趋势的股票换手率）、RET（市场收益率）、ABACC（信息不对称）、SIGMA（市场波动

性)、SOE（产权性质）、Duality（两职合一）；Year 表示年度固定效应；Industry 表示行业固定效应；为缓解遗漏变量问题，本书在回归模型中控制了个体固定效应（FE），用来捕捉不随时间变化的个体之间的差异。变量定义参见表 3-1。

表 3-1　　　　　　　　　　　　　变量说明

变量名称	变量符号	变量定义
股价崩盘风险	NCSKEW	个股负收益偏态系数，具体计算方法详见模型（3.4）
股价崩盘风险	DUVOL	个股收益率上下波动比，具体计算方法详见模型（3.5）
股价崩盘风险	COUNT	公司经历股价暴跌天数
年报可读性综合指标	Readability	从汉字、句子与年报文件三个层面，采用主成分分析法构建年报可读性的综合指标，其数值越大，年报可读性越差
企业规模	Size	总资产的自然对数
财务杠杆	Lev	企业资产负债率
代理成本	Agentcost	管理费用除以营业收入
经营绩效	ROA	企业资产收益率
账市比	BM	企业账面市值比
股权集中度	Share	企业前十大股东持股比例
去趋势的股票换手率	DTURN	股票本年度的月均换手率与上年度的月均换手率之差
市场收益率	RET	个股年度回报率
信息不对称程度	ABACC	依据修正 Jones 模型分年度和行业计算出的操纵性应计利润
市场波动性	SIGMA	个股年度周收益的标准差
产权性质	SOE	依据最终控制人性质，国有企业取值为 1，非国有企业取值为 0
两职合一	Duality	CEO 兼任董事长取值为 1，否则为 0
年度虚拟变量	Year	控制年度
行业虚拟变量	Industry	控制行业，依据 2012 年《上市公司行业分类指引》，剔除金融业（J）后，最终得到 18 个行业

第四节 实证结果与分析

一、描述性统计结果与分析

表 3－2 列示了主要变量的描述性统计结果。结果显示，NCSKEW 的均值为 －0.453，标准差为 0.856，DUVOL 的均值为 －0.387，标准差为 0.732，COUNT 的均值为 －0.653，标准差为 1.074，这与现有研究基本一致，印证了本书对股价崩盘风险估计的可靠性（Chen et al.，2017；褚剑和方军雄，2016）。年报可读性方面，Readability_a 的均值为 0.012，说明平均而言我国上市公司年报难字数占总字数的比例为 1.2%，Readability_b 的均值为 82.971，表明年报中平均一个句子包含约 83 个字，Readability_c 的均值为 0.648，表明我国上市公司年报文本的平均内存数为 1 945.884 千字节（KB，1.900MB）。Size 的最小值和最大值分别为 18.384 和 26.337，Lev 的最小值和最大值分别为 0.034 和 1.843，折射出不同企业间的公司规模与财务杠杆差异较大。ROA 的最小值为 －0.388，最大值为 0.298，BM 的最小值为 0.055，最大值为 5.967，反映出上市公司的经营业绩与成长性差异较大。SOE 的均值为 0.490，揭示出样本观测值中有超过 49% 的企业属于国有企业。Duality 的均值为 0.230，表明样本中有近 23% 的企业首席执行官（CEO）兼任董事长，说明两职合一现象在上市公司中比较普遍。

表 3－2　　　　　　　　　　主要变量的描述性统计

变量	样本量	标准差	均值	最小值	25%分位数	中位数	75%分位数	最大值
NCSKEW	15 570	0.856	－0.453	－3.047	－0.980	－0.455	0.078	2.450
DUVOL	15 570	0.732	－0.387	－2.607	－0.848	－0.391	0.072	2.333
COUNT	15 570	1.074	－0.653	－5.000	－1.000	0.000	0.000	2.000

续表

变量	样本量	标准差	均值	最小值	25%分位数	中位数	75%分位数	最大值
Readability	15 570	0.584	0.043	−2.305	−0.317	0.001	0.358	14.010
Readability_a	15 570	0.003	0.012	0.007	0.010	0.012	0.014	0.054
Readability_b	15 570	10.060	82.971	44.277	76.563	81.857	87.975	338.213
Readability_c	15 570	0.642	0.648	−1.026	0.113	0.842	1.066	2.233
Size	15 570	1.313	22.017	18.384	21.108	21.856	22.750	26.337
Lev	15 570	0.233	0.458	0.034	0.281	0.452	0.622	1.843
Agentcost	15 570	0.146	0.111	0.007	0.048	0.081	0.124	1.689
ROA	15 570	0.063	0.036	−0.388	0.012	0.034	0.063	0.298
BM	15 570	0.900	0.873	0.055	0.336	0.578	1.035	5.967
Share	15 570	15.915	56.610	18.061	45.101	57.369	68.737	92.084
DTURN	15 570	25.504	0.715	−75.928	−13.927	−0.189	14.977	77.783
RET	15 570	0.701	0.311	−0.732	−0.166	0.117	0.576	4.255
ABACC	15 570	0.104	0.076	0.000	0.022	0.049	0.092	1.026
SIGMA	15 570	0.021	0.051	0.000	0.037	0.047	0.060	0.175
SOE	15 570	0.500	0.490	0	0	0	1	1
Duality	15 570	0.421	0.230	0	0	0	0	1

此外，本书进行了模型变量间的 Pearson 相关系数检验，但限于篇幅限制未列出检验结果。本书发现，年报可读性（Readability）与个股负收益偏态系数（NCSKEW）、个股收益率上下波动比（DUVOL）、公司经历股价暴跌天数（COUNT）的 Pearson 相关系数均显著正相关，初步说明年报可读性越差的企业其股价崩盘风险越高，这在一定程度上验证了本书的研究假设 H1。此外，除度量股价崩盘风险的三个变量间相关系数较高外，其他变量间相关系数也均处于较低水平，表明本书使用的各变量间不存在明显的多重共线性问题（见表 3−3）。

表 3 - 3　　　　　　　　　　　**Pearson 相关系数**

变量	Readability	NCSKEW	DUVOL	Size	Lev	Agentcost	ROA	BM
Readability	1							
NCSKEW	0.013 **	1						
DUVOL	0.028 ***	0.918 ***	1					
Size	0.167 ***	0.019 ***	0.046 ***	1				
Lev	0.042 ***	− 0.029 ***	− 0.026 ***	0.339 ***	1			
Agentcost	− 0.032 ***	0.013 *	0.005	− 0.298 ***	− 0.012 *	1		
ROA	− 0.012 *	− 0.056 ***	− 0.077 ***	− 0.009	− 0.396 ***	− 0.162 ***	1	
BM	0.093 ***	0.065 ***	0.111 ***	0.624 ***	0.500 ***	− 0.204 ***	− 0.200 ***	1
Share	− 0.007	− 0.012 *	− 0.016 **	0.140 ***	− 0.184 ***	− 0.149 ***	0.255 ***	− 0.010
DTURN	− 0.062 ***	− 0.243 ***	− 0.280 ***	− 0.016 **	0.039	0.016 **	− 0.052 ***	− 0.045 ***
RET	− 0.105 ***	− 0.431 ***	− 0.516 ***	− 0.098 ***	0.045	0.030 ***	0.039 ***	− 0.191 ***
ABACC	− 0.027 ***	0.010	0.003	0.036 ***	− 0.047 ***	− 0.033 ***	0.288 ***	− 0.001
ABACC^2	− 0.024 ***	− 0.016 **	− 0.026 ***	− 0.069 ***	0.158 ***	0.139 ***	− 0.007	− 0.023 ***
SIGMA	− 0.001	− 0.329 ***	− 0.384 ***	− 0.258 ***	− 0.083 ***	0.101 ***	0.002	− 0.291 ***
SOE	0.022 ***	− 0.017 **	0.001	0.339 ***	0.265 ***	− 0.099 ***	− 0.122 ***	0.314 ***
Duality	0.021 ***	− 0.019 ***	− 0.013 *	0.183 ***	0.147 ***	− 0.050 ***	− 0.064 ***	0.148 ***

变量	Share	DTURN	RET	ABACC	ABACC^2	SIGMA	SOE	Duality
Share	1							
DTURN	− 0.064 ***	1						
RET	− 0.006	0.519 ***	1					
ABACC	0.055 ***	− 0.013 *	− 0.004	1				
ABACC^2	− 0.007	− 0.008	0.056 ***	0.219 ***	1			
SIGMA	0.074 ***	0.448 ***	0.503 ***	− 0.002	0.079 ***	1		
SOE	− 0.067 ***	0.041 ***	− 0.016 **	− 0.037 ***	− 0.031 ***	− 0.174 ***	1	
Duality	− 0.064 ***	0.027 ***	0.001	− 0.013 *	− 0.011	− 0.100 ***	0.291 ***	1

注：***、**、* 分别表示在 1%、5%、10% 水平上显著。

二、多元回归结果与分析

表 3-4 报告了年报可读性与股价崩盘风险的多元回归结果，其中第（1）列报告的是未来一期 NCSKEW 作为模型（3.6）因变量的检验结果，第（2）列报告的是未来一期 DUVOL 作为模型（3.6）因变量的检验结果，第（3）列报告的是未来一期 COUNT 作为模型（3.6）因变量的检验结果。结果显示：首先，在控制年度、行业与个体固定效应后，第（1）列中 $Readability_{i,t-1}$ 与 $NCSKEW_{i,t}$ 的相关系数为 0.035，在 10% 的水平上显著为正，第（2）列中 $Readability_{i,t-1}$ 与 $DUVOL_{i,t}$ 的相关系数为 0.044，在 1% 的水平上显著为正，第（3）列中 $Readability_{i,t-1}$ 与 $COUNT_{i,t}$ 的相关系数为 0.043，在 5% 的水平上显著为正，表明上市公司的年报可读性越差，其未来发生股价崩盘的风险越高，验证了研究假设 H1。同时，这一结果也有力地支持了不完全相关假说（王克敏等，2018），即管理层可通过人为地控制年报可读性来阻止负面消息进入市场，表明有目的地撰写复杂、可读性差的财务报告是一种策略性披露行为。

表 3-4　　　　　　　　年报可读性与股价崩盘风险

变量	（1） $NCSKEW_{i,t}$	（2） $DUVOL_{i,t}$	（3） $COUNT_{i,t}$
$Readability_{i,t-1}$	0.035*	0.044***	0.043**
	(1.95)	(2.77)	(2.30)
$Size_{i,t-1}$	0.254***	0.257***	0.323***
	(11.09)	(12.62)	(11.74)
$Lev_{i,t-1}$	0.062	-0.049	0.036
	(0.83)	(-0.74)	(0.37)
$Agentcost_{i,t-1}$	0.099	0.102	-0.147
	(1.26)	(1.42)	(-1.13)

续表

变量	(1)	(2)	(3)
	NCSKEW$_{i,t}$	DUVOL$_{i,t}$	COUNT$_{i,t}$
ROA$_{i,t-1}$	-0.027	0.036	0.121
	(-0.17)	(0.24)	(0.57)
BM$_{i,t-1}$	-0.326***	-0.304***	-0.278***
	(-14.65)	(-15.08)	(-12.09)
Share$_{i,t-1}$	-0.001	-0.003***	-0.008***
	(-1.29)	(-2.67)	(-5.84)
DTURN$_{i,t-1}$	-0.002***	-0.002***	-0.002***
	(-4.09)	(-4.01)	(-3.75)
RET$_{i,t-1}$	0.070***	0.062***	-0.051**
	(4.02)	(4.23)	(-2.48)
ABACC$_{i,t-1}$	-0.028	-0.019	-0.200*
	(-0.32)	(-0.26)	(-1.88)
SIGMA$_{i,t-1}$	3.948***	3.010***	2.962***
	(5.96)	(5.28)	(4.04)
SOE$_{i,t-1}$	0.079	0.046	0.027
	(1.41)	(0.91)	(0.46)
Duality$_{i,t-1}$	0.0237	-0.0020	0.0567
	(0.77)	(-0.08)	(1.60)
Constant	-5.650***	-5.570***	-7.588***
	(-11.16)	(-12.39)	(-12.04)
Year	YES	YES	YES
Industry	YES	YES	YES
FE	YES	YES	YES
N	15 636	15 631	15 570
R^2	0.160	0.212	0.062

注：括号内数字为双尾检验的 t 值；标准误差经过企业层面 Cluster 群聚调整；*** 、** 、* 分别表示在1%、5%、10%水平上显著。

其次，控制变量方面，本书还发现，在控制了盈余管理（$ABACC_{i,t-1}$）的情况下，$Readability_{i,t-1}$ 与三个股价崩盘风险指标的相关系数均显著为正，且 $ABACC_{i,t-1}$ 的相关系数为负，这揭示出文本信息操纵与传统的数字信息操纵之间可能存在一定的替代效应，与王克敏等（2018）的研究结论一致。同时，$Size_{i,t-1}$、$RET_{i,t-1}$ 与 $SIGMA_{i,t-1}$ 项系数均在 1% 水平上显著为正，表明股价崩盘风险与公司规模、市场收益率、市场波动性之间呈现出显著的敏感性。$BM_{i,t-1}$、$Share_{i,t-1}$、$DTURN_{i,t-1}$ 同股价崩盘风险显著负相关，反映出伴随公司账市比、股权集中度、去趋势的股票换手率上升，股价崩盘风险水平会呈现下降趋势。

第五节　稳健性检验

一、内生性问题

年报可读性与股价崩盘风险之间可能存在以下内生性问题：一方面，股价崩盘风险不仅因年报可读性下降而上升，同样地，股价崩盘风险也会影响年报可读性，如较高的股价崩盘风险通常意味着企业的经营管理面临着重大不确定性，管理层为尽可能减少崩盘带来的损失，可能会通过粉饰文本信息的方式制造虚假繁荣，来为自己谋取更多的当下收益，此时股价崩盘风险越高的企业其年报可读性自然也较差，这种互为因果关系可能会造成内生性问题。在实证研究中，双重差分法是排除反向因果关系的重要方法，其基本思想是将外生政策视为一个自然实验，将全样本划分为受政策影响的实验组和不受政策影响的控制组，利用解释变量的外生性进行两次差分，最终得到政策实施前后因变量的净效应。另一方面，主回归模型中可能存在遗漏变量，由于遗漏变量造成误差项和自变量相关，从而导致估计偏误。本书主要使用工具变量法来缓解上述遗漏变量问题的潜在影响。上述两种内生性检验的具体做法如下：

首先，双重差分法。2012 年《公开发行证券的公司信息披露内容与格式准则第 2 号——年度报告的内容与格式》（2012 年修订）（以下简称《公告》）的颁布为本书提供了良好的准自然实验环境。《公告》规定，"在不影响信息披露完整性的前提下，年报语言应表述平实，清晰易懂，力戒空洞、模板化，保持语言简洁"。此外，该项制度由证监会颁布，于 2013 年 1 月 1 日起在资本市场全面实施，对于上市公司而言是外生事件。因此，本书可以预测此次《公告》的实施将对上市公司年报文本的信息披露质量产生重要的外生冲击作用。同时，本书参照现有文献（Campello and Larrain，2016；钱雪松和方胜，2017），通过识别年报信息质量的差异来构造实验组和控制组。理由是：企业的年报信息质量越高表明年报编制和信息披露越规范，那么这类企业受到《公告》的影响将较小，相对而言，年报信息质量较差的企业会对《公告》的颁布更加敏感，所以这两类企业是很好的实验组和对照组。具体而言，借鉴现有研究（Khan and Watts，2009），本书采用会计稳健性指标作为年报信息质量的代理变量，根据外生事件发生前一年该指标的 33% 和 67% 分位数划分高低组，年报信息质量较差组被定义为实验组，较高组被定义为控制组，构建如下双重差分模型：

$$CrashRisk_{i,t} = \alpha + \beta_1 After_{i,t-1} + \beta_2 Treat_{i,t-1} + \beta_3 After_{i,t-1} \times Treat_{i,t-1}$$
$$+ \beta_4 Control_{i,t-1} + Year + Industry + \varepsilon_{i,t-1} \tag{3.7}$$

其中，CrashRisk 为股价崩盘风险；After 为虚拟变量，2013 年及以后取值为 1，2013 年以前取值为 0；Treat 为虚拟变量，实验组取值为 1，控制组取值为 0。值得注意的是，由于模型中控制了个体固定效应，因而表 3 – 5 中无法显示 Treat 的相关结果；交乘项 After × Treat 反映的是新政策实施前后实验组与控制组股价崩盘风险水平变化的差异，本书预期 β_3 显著为负，即有助于增强年报可读性的准则颁布后，上市公司的股价崩盘风险应显著下降。

表 3 – 5 报告了双重差分检验结果。结果显示，无论是用个股负收益偏态系数 $NCSKEW_{i,t}$ 和个股收益率上下波动比 $DUVOL_{i,t}$，还是公司经历股价暴跌天数 $COUNT_{i,t}$ 来测度股价崩盘风险，交乘项 $After_{i,t-1} \times Treat_{i,t-1}$ 的回归系数都为负〔列（1）的系数为 –0.046，接近在 10% 水平上显著为负；列（2）的系数为 –0.093，在 1% 水平上显著为负；列（3）的系数为 –0.137，在 1% 水平上显著为负〕，这说明增强年报可读性的准则颁布抑制了未来股价崩盘风险，与理论预期一致，表明在控制了内生性问题后年报可读性与股价崩盘风险的相关关系依然存在。

表 3 - 5   内生性问题：双重差分检验

变量	(1)	(2)	(3)
	$NCSKEW_{i,t}$	$DUVOL_{i,t}$	$COUNT_{i,t}$
$After_{i,t-1}$	-0.120 ***	-0.103 ***	0.027
	(-4.01)	(-3.93)	(0.80)
$After_{i,t-1} \times Treat_{i,t-1}$	-0.046 *	-0.093 ***	-0.137 ***
	(-1.22)	(-2.85)	(-3.10)
Controls	YES	YES	YES
N	10 093	10 089	10 033
R^2	0.091	0.119	0.064

注：括号内数字为双尾检验的 t 值；标准误差经过企业层面 Cluster 群聚调整；*** 、** 、* 分别表示在 1%、5%、10% 水平上显著。

其次，工具变量法。本书工具变量的选取借鉴王化成等（2015）的方法，分别以同年度同行业除本公司外的其他公司年报可读性平均值 Ind_year_Readability 和同年度同省份除本公司外的其他公司年报可读性平均值 Pro_year_Readability 作为 Readability 的工具变量。工具变量的选取应同时满足相关性和外生性的前提：一方面，从相关性来看，同一行业（省份）、同一年度的公司面临着相似的外部环境，因而工具变量与原自变量间具有相关性；另一方面，从外生性来看，尚没有证据表明同行业（省份）同年度其他公司的年报可读性会影响股价崩盘风险，因而工具变量满足外生性。表 3 - 6 的 Panel A 为以 Ind_year_Readability 作为工具变量的检验结果，其中第（1）列为第一阶段回归结果，结果显示：$Ind\_year\_Readability_{i,t-1}$ 与 $Readability_{i,t-1}$ 的相关系数在 10% 水平上显著为正，表明工具变量同原自变量显著正相关。第（2）～（4）列为第二阶段回归结果，结果显示：$Readability_{i,t-1}$ 与股价崩盘风险的三个变量 $NCSKEW_{i,t}$、$DUVOL_{i,t}$ 与 $COUNT_{i,t}$ 的相关系数均为正［第（2）列的系数为 1.624，接近在 10% 水平上显著；第（3）列的系数为 2.232，5% 水平上显著为正；第（4）列的系数为 3.306，接近在 5% 水平上显著］，表明年报可读性与股价崩盘风险之间的相关关系依然成立。Panel B 报告了以 Pro_year_Readability 作为工具变量的检验结果，我们发现，在第一阶段回归中，$Pro\_year\_Readability_{i,t-1}$ 与 $Readability_{i,t-1}$ 的相关系数在 1% 水平上显著为正。同时，$Readability_{i,t-1}$ 与股价崩盘风险的三个变量 $NCSKEW_{i,t}$、$DUVOL_{i,t}$ 与 $COUNT_{i,t}$ 的相关系数均为正 [第（2）列的系数为 0.518，在 1% 水平上显著为正；第（3）列的系数为 0.432，在 5% 水平上显著为正；第（4）列的系数为 0.370，接近在 10% 水平上显著]。以上结果再次验证了研究假设 H1。

表 3 - 6　　　　　　　　　内生性问题：工具变量法检验

变量	第一阶段	第二阶段		
	(1)	(2)	(3)	(4)
	$Readability_{i,t-1}$	$NCSKEW_{i,t}$	$DUVOL_{i,t}$	$COUNT_{i,t}$
Panel A：以 Ind_year_Readability 作为工具变量				
$Readability_{i,t-1}$		1.624*	2.232**	3.306**
		(1.32)	(2.18)	(2.35)
$Ind\_year\_Readability_{i,t-1}$	0.082*			
	(1.72)			
Controls	YES	YES	YES	YES
N	18 778	15 629	15 624	15 563
R^2	0.091	0.160	0.212	0.062
Panel B：以 Pro_year_Readability 作为工具变量				
$Readability_{i,t-1}$		0.518***	0.432**	0.370
		(2.61)	(2.51)	(1.56)
$Pro\_year\_Readability_{i,t-1}$	0.614***			
	(16.33)			
Controls	YES	YES	YES	YES
N	18 785	15 636	15 631	15 570
R^2	0.103	0.160	0.212	0.062

注：括号内数字为双尾检验的 t 值；标准误差经过企业层面 Cluster 群聚调整；***、**、* 分别表示在 1%、5%、10% 水平上显著。

二、其他稳健性检验

为增强研究结果的可靠性，本书还进行了如下稳健性测试：首先，本书改变了年报可读性的衡量方法，再次代入主回归模型中进行检验。第一，参照国内学者衡量可读性的方法（丘心颖等，2016），本书用难字数/总字数衡量年报可读性，其中，难字为未收录在《现代汉语常用字》中的非常用字，表 3 − 7 的第（1）~（3）列报告了检验结果，年报可读性 $Readability_{i,t-1}$ 与股价崩盘风险的三个指标均显著为正。第二，借鉴国外文献衡量可读性的做法，本书以年报文件内存大小的自然对数作为年报可读性的代理变量，第（4）~（6）列为回归结果，无论是 $NCSKEW_{i,t}$、$DUVOL_{i,t}$，还是 $COUNT_{i,t}$，年报可读性的回归系数都显著为正。第三，参照现有研究成果（左虹和朱勇，2014），本书还以难字数/总句数衡量年报可读性，结果如第（7）~（9）列所示，我们发现，$Readability_{i,t-1}$ 同 $NCSKEW_{i,t}$、$DUVOL_{i,t}$ 和 $COUNT_{i,t}$ 的系数都显著为正。以上代理变量与股价崩盘风险的回归系数基本上显著为正，结果仍与主检验保持一致。

其次，对于主检验结果可能存在另一种替代解释，即年报中复杂的语言也可能是为了向信息使用者传递专业性的技术细节信息。由于新技术层出不穷、竞争环境瞬息万变，拥有较多专利技术的企业可能本身就存在较高的潜在风险。为排除这种替代性解释，本书以上市公司三项专利和的中位数来识别样本企业年报中是否包含较多的技术信息，进行分组检验。如果在包含较多技术信息的样本组中，$Readability_{i,t-1}$ 与 $CrashRisk_{i,t}$ 的相关系数不显著为正，而在包含较少技术信息的样本组中，正相关关系反而存在，则可排除上述替代解释。表 3 − 8 报告了检验结果，其中，第（1）~（3）列为年报中包含了较多技术信息的分组结果，结果显示，$Readability_{i,t-1}$ 与 $NCSKEW_{i,t}$、$DUVOL_{i,t}$、$COUNT_{i,t}$ 的回归系数分别为 0.015、0.019 和 0.001，均不显著，而在第（4）~（6）列年报包含较少技术信息的分组中，$Readability_{i,t-1}$ 同股价崩盘风险的三个变量的系数分别为 0.061、0.066 和 0.094，分别在 5%、1% 和 1% 水平上显著为正，排除替代性解释，表明公司为描述技术细节信息而在年报中使用复杂、冗长表述并不会给企业带来股价崩盘风险，H1 得以支持。

第三章 年报文本信息策略性披露对股价崩盘风险的影响研究

表 3 - 7 稳健性检验：改变年报可读性的衡量方法

变量	(1) $NCSKEW_{i,t}$	(2) $DUVOL_{i,t}$	(3) $COUNT_{i,t}$	(4) $NCSKEW_{i,t}$	(5) $DUVOL_{i,t}$	(6) $COUNT_{i,t}$	(7) $NCSKEW_{i,t}$	(8) $DUVOL_{i,t}$	(9) $COUNT_{i,t}$
$Readability_{i,t-1}$	11.106**	8.142*	17.707***						
	(2.29)	(1.85)	(2.98)						
$Readability_{i,t-1}$				0.040**	0.044***	0.067***			
				(2.37)	(3.10)	(3.50)			
$Readability_{i,t-1}$							0.100**	0.088**	0.145***
							(2.29)	(2.24)	(3.12)
Controls	YES	YES	YES	YES	YES	YES	YES	YES	YES
N	15 636	15 631	15 570	15 636	15 631	15 570	15 636	15 631	15 570
R^2	0.160	0.211	0.062	0.160	0.212	0.062	0.160	0.212	0.062

注：括号内数字为双尾检验的 t 值；标准误差经过企业层面 Cluster 群聚调整；***、**、* 分别表示在 1%、5%、10% 水平上显著。

中国经济发展系列

51

表 3 - 8 　　　　　　　　**稳健性检验：排除另一种替代解释**

变量	年报包含较多技术信息			年报包含较少技术信息		
	(1)	(2)	(3)	(4)	(5)	(6)
	$NCSKEW_{i,t}$	$DUVOL_{i,t}$	$COUNT_{i,t}$	$NCSKEW_{i,t}$	$DUVOL_{i,t}$	$COUNT_{i,t}$
$Readability_{i,t-1}$	0.015	0.019	0.001	0.061 **	0.066 ***	0.094 ***
	(0.57)	(0.79)	(0.05)	(2.09)	(2.68)	(2.77)
Controls	YES	YES	YES	YES	YES	YES
N	7 313	7 311	7 248	8 323	8 320	8 322
R^2	0.164	0.205	0.079	0.166	0.226	0.054

注：括号内数字为双尾检验的 t 值；标准误差经过企业层面 Cluster 群聚调整；***、**、*分别表示在 1%、5%、10% 水平上显著。

第六节　进一步分析

一、可读性与语调联合披露策略对股价崩盘风险的影响

在文本分析领域，语调是除可读性外文本信息披露的另一个重要特征。已有研究发现，年报、公司新闻报道、业绩新闻发布会、管理层预测等文本信息中的管理层语调能够对企业未来业绩预测产生积极的信息披露效应（Tetlock et al.，2008）。可是，年报语调既可能是企业未来业绩的真实反映，也可能是机会主义行为操纵后的产物（曾庆生等，2018）。心理学研究表明，具有积极评价意义的词语可以触发人们心中对词语所表达对象的美好印象，并进一步影响其后续判断，但这种印象可能与所表达对象的本质无关，因而管理层可以通过积极乐观的语调披露来诱导投资者做出对自己有利的决策（MacGregor et al.，2000）。黄等（Huang et al.，2014）认为，年报语调由反映企业基本面信息的正常部分

和管理层自利动机的异常部分组成。他们研究发现，业绩新闻发布会文本中的异常积极语调增加了企业盈余恰好达到或超过历史盈余和分析师预测的概率，以及新股发行和并购活动的概率。

在可读性操纵基础上，管理层配合性地进行积极语调管理对可读性与股价崩盘风险的负面影响可能会造成"放大"效应。心理学研究发现，当人们处于积极情绪状态时，往往会做出乐观的决策，而处于消极情绪状态时，则更多地做出悲观的决策（Loewenstein et al.，2001）。例如，莱文等（Levin et al.，1988）研究发现，人们认为80%的瘦肉比20%的肥肉更健康。行为金融学认为，投资者并非完全理性，投资者情绪会影响其投资决策进而影响股票价格（Hong and Stein，2003）。当投资者无法看透管理层可读性操纵的机会主义行为时，异常的积极语调将激发投资者的过度乐观情绪，并预期可能得到较高的未来回报（曾庆生等，2018）。谭等（2014）研究发现，当文本信息可读性较高时，投资者能够充分理解文本中的潜在信息，受管理层语调影响较小；而当文本信息可读性较低时，投资者理解和处理信息的难度加大，更倾向于使用文本语调信息来做出判断。同时，由于管理层存在延迟披露或隐瞒坏消息的动机，导致外部投资者认为坏消息往往比好消息更加可信，当管理层披露更多的负面语调时，投资者会对坏消息即时做出负向反应，相比之下，正面语调则可能存在反应不足的情况（Kothari et al.，2009）。这就使得管理层可以借助正面语调来延迟或掩盖坏消息的传播。基于上述分析，本书预测，管理层披露的语调越积极，可读性操纵对股价崩盘风险的负面影响越明显。

为检验可读性与语调联合披露策略对股价崩盘风险的影响，本书构建了如下模型：

$$CrashRisk_{i,t} = \alpha + \beta_1 Readability_{i,t-1} + \beta_2 Tone_{i,t-1} + \beta_3 Readability_{i,t-1} \times Tone_{i,t-1}$$
$$+ \beta_4 Control_{i,t-1} + Year + Industry + \varepsilon_{i,t-1} \tag{3.8}$$

其中，$Tone_{i,t-1}$ 为年报净语调，以（积极词汇数 – 消极词汇数）÷句数作为净语调的代理变量。本书选择《台湾大学情感词典》《清华大学李军中文褒贬义词典》与《知网情感分析词典》作为情感词典，运用 Python 统计年报文本中的积极词汇和消极词汇。模型（3.8）中，重点关注交乘项 $Readability_{i,t-1} \times Tone_{i,t-1}$ 的相关系数 β_3。本书预测，在净语调的调节作用下，β_3 显著为正。

表3–9列示了检验结果。本书发现，在第（1）~（3）列中，$Readability_{i,t-1} \times$

$\text{Tone}_{i,t-1}$ 与 $\text{NCSKEW}_{i,t}$ 的相关系数为 0.066，在 5% 水平上显著为正；$\text{Readability}_{i,t-1} \times$ $\text{Tone}_{i,t-1}$ 与 $\text{DUVOL}_{i,t}$ 的相关系数为 0.048，在 10% 水平上显著为正；$\text{Readability}_{i,t-1} \times$ $\text{Tone}_{i,t-1}$ 与 $\text{COUNT}_{i,t}$ 的相关系数为 0.040，接近在 10% 水平上显著为正。以上结果表明年报中披露的语调越积极，可读性操纵对股价崩盘风险的负面影响越明显。

表 3 - 9　　　可读性与语调联合披露策略对股价崩盘风险的影响

变量	(1)	(2)	(3)
	$\text{NCSKEW}_{i,t}$	$\text{DUVOL}_{i,t}$	$\text{COUNT}_{i,t}$
$\text{Readability}_{i,t-1}$	-0.004	0.015	0.017
	(-0.15)	(0.66)	(0.59)
$\text{Tone}_{i,t-1}$	-0.044**	-0.040**	-0.064***
	(-2.28)	(-2.37)	(-2.87)
$\text{Readability}_{i,t-1} \times \text{Tone}_{i,t-1}$	0.066**	0.048*	0.040
	(2.30)	(1.91)	(1.24)
Controls	YES	YES	YES
N	15 636	15 631	15 570
R^2	0.161	0.213	0.062

注：括号内数字为双尾检验的 t 值；标准误差经过企业层面 Cluster 群聚调整；***、**、* 分别表示在 1%、5%、10% 水平上显著。

二、影响机制检验

前文已述，管理层有目的地降低年报可读性增加了企业与外界的信息不对称，继而导致未来的股价崩盘风险上升。为检验信息不对称是否可作为一种潜在的影响机制，参照现有研究（Amihud，2002；姜付秀等，2016），本书以流动性比率（LR）和分析师预测准确度（Analyst）作为信息不对称的代理变量，并将其作为主回归模型的因变量来检验年报可读性是否增加了信息不对称，然后检验在信息不对称程度较高的情况下年报可读性对股价崩盘风险的负面效应是否更显著。本书预期,年报可读性越差,信息不对称程度越高,同时,年报可读性对股价崩盘风险的负面效应仅在面临严重信息不对称的企业中存在。其中,流动性比率(LR)的具体测算方法参见模型(3.9),该指标越大,信息不对称程度越高。

$$LR_{i,t} = -\frac{1}{D_{i,t}} \sum_{k=1}^{D_{i,t}} \sqrt{\frac{V_{i,t}(k)}{|r_{i,t}(k)|}} \tag{3.9}$$

通常分析师在资本市场中扮演着重要的信息中介作用,其对信息的收集与解读活动有助于投资者接触到更深、更广的企业基本面信息(Chang and Hilary,2006)。如果企业自身的信息透明度较低,那么分析师预测误差也会随之增多,因而分析师预测准确度可作为衡量企业信息不对称的指标。其计算方法为:Analyst = |上市公司每股盈余的分析师预测值 − 上市公司每股盈余的实际值| ÷ 净利润,该指标数值越大,反映出企业的信息不对称程度越高。

表3-10报告了以流动性比率衡量信息不对称程度的回归结果。第(1)列为年报可读性对信息不对称(流动性比率)影响的检验结果。Readability$_{i,t-1}$与LR的相关系数为0.049,在1%水平上显著为正,说明年报可读性越差的公司,其信息不对称程度越高。第(2)~(7)列为分组检验结果,其中,第(2)~(4)列为信息不对称程度较高组,第(5)~(7)列为信息不对称程度较低组。

表3-10   影响机制检验:以流动性比率衡量信息不对称

变量	流动性比率	信息不对称高			信息不对称低		
	(1)	(2)	(3)	(4)	(5)	(6)	(7)
	LR	NCSKEW$_{i,t}$	DUVOL$_{i,t}$	COUNT$_{i,t}$	NCSKEW$_{i,t}$	DUVOL$_{i,t}$	COUNT$_{i,t}$
Readability$_{i,t-1}$	0.049***	0.060*	0.066**	0.089**	0.023	0.030	0.025
	(3.25)	(1.86)	(2.38)	(2.12)	(0.96)	(1.46)	(1.22)
Controls	YES	YES	YES	YES	YES	YES	YES
N	18 223	7 520	7 517	7 454	8 116	8 114	8 116
R²	0.594	0.200	0.259	0.055	0.136	0.175	0.059

注:括号内数字为双尾检验的t值;标准误差经过企业层面Cluster群聚调整;***、**、*分别表示在1%、5%、10%水平上显著。

结果表明，在信息不对称程度较高组中，$Readability_{i,t-1}$ 与 $NCSKEW_{i,t}$、$DUVOL_{i,t}$、$COUNT_{i,t}$ 的回归系数分别为 0.060、0.066 和 0.089，均显著为正，而在信息不对称程度较低组中，年报可读性同股价崩盘风险之间不存在相关性。

表 3-11 列示了以分析师预测准确度衡量信息不对称程度的回归结果。第（1）列报告了年报可读性与信息不对称（分析师预测准确度）的检验结果，我们发现，$Readability_{i,t-1}$ 的系数显著为正，再次验证较差的年报可读性会增加信息不对称。同时，从第（2）~（7）列的信息不对称分组结果来看，当信息不对称程度较高时［见第（2）~（4）列］，$Readability_{i,t-1}$ 同 $NCSKEW_{i,t}$、$DUVOL_{i,t}$、$COUNT_{i,t}$ 的系数均显著为正；当信息不对称程度较低时［见第（5）~（7）列］，$Readability_{i,t-1}$ 同 $NCSKEW_{i,t}$、$DUVOL_{i,t}$、$COUNT_{i,t}$ 的系数均不显著。综上所述，以流动性比率和分析师预测误差作为信息不对称代理变量的检验结果验证了本书的理论预期。

表 3-11　　　　影响机制检验：以分析师预测准确度衡量信息不对称

变量	分析师预测准确度	信息不对称高			信息不对称低		
	（1）	（2）	（3）	（4）	（5）	（6）	（7）
	Analyst	$NCSKEW_{i,t}$	$DUVOL_{i,t}$	$COUNT_{i,t}$	$NCSKEW_{i,t}$	$DUVOL_{i,t}$	$COUNT_{i,t}$
$Readability_{i,t-1}$	0.001*	0.056*	0.057**	0.056*	0.019	0.035	0.035
	(1.66)	(1.92)	(2.25)	(1.79)	(0.62)	(1.35)	(1.42)
Controls	YES	YES	YES	YES	YES	YES	YES
N	14 357	9 691	9 687	9 625	5 945	5 944	5 945
R^2	0.008	0.188	0.254	0.055	0.122	0.148	0.081

注：括号内数字为双尾检验的 t 值；标准误差经过企业层面 Cluster 群聚调整；***、**、* 分别表示在 1%、5%、10% 水平上显著。

三、管理层自利动机的影响

布卢姆菲尔德（2002）指出，管理层自利是年报文本信息复杂性操纵行为的重要动机之一，而业绩压力是自利动机的一个重要来源。现代公司治理机制强调高管的激励约束应与公司经营业绩挂钩，当公司业绩落后于行业平均水平时，高管因公司经营不善而导致薪酬损失或解聘的概率会随之增加，在较大的业绩压力下，高管操纵文本信息的动机随之增强。因此，本书预测，当高管面临较高业绩压力时，年报可读性操纵行为对股价崩盘风险的负面效应越明显。参照现有文献（王红建等，2015），本书使用公司盈利水平（ROA）是否小于行业平均水平作为管理层业绩压力的代理变量，然后将样本分为业绩压力较大组（公司盈利小于行业平均水平）与业绩压力较小组（公司盈利高于行业平均水平），进行了分组回归，回归结果见表 3 – 12。从结果可见，无论是以个股负收益偏态系数（$NCSKEW_{i,t}$）、个股收益率上下波动比（$DUVOL_{i,t}$），还是用公司经历股价暴跌天数（$COUNT_{i,t}$）来衡量股价崩盘风险，在高管业绩压力较大组中年报可读性（$Readability_{i,t-1}$）对股价崩盘风险的负面效应均高于高管业绩压力较小组，以上结果表明年报可读性操纵对股价崩盘风险的负面影响在管理层自利动机的趋势下表现得更加明显。

表 3 – 12　　　　　　　管理层自利动机的影响检验

变量	公司盈利小于行业平均水平			公司盈利高于行业平均水平		
	（1）	（2）	（3）	（4）	（5）	（6）
	$NCSKEW_{i,t}$	$DUVOL_{i,t}$	$COUNT_{i,t}$	$NCSKEW_{i,t}$	$DUVOL_{i,t}$	$COUNT_{i,t}$
$Readability_{i,t-1}$	0. 068 **	0. 082 ***	0. 055 *	0. 017	0. 016	0. 040 *
	（2. 23）	（3. 05）	（1. 74）	（0. 69）	（0. 69）	（1. 81）
Controls	YES	YES	YES	YES	YES	YES
N	8 362	8 359	8 319	7 274	7 272	7 251
R^2	0. 170	0. 232	0. 053	0. 161	0. 199	0. 078

注：括号内数字为双尾检验的 t 值；标准误差经过企业层面 Cluster 群聚调整；***、**、* 分别表示在 1%、5%、10% 水平上显著。

四、内部控制的影响

内部控制在财务报告信息披露中扮演着重要的监督者角色。无论是《COSO

内部控制框架》，还是中国的《企业内部控制基本规范》均将保证财务报告及相关信息的真实完整性作为内部控制的目标之一。同时，大量研究也证实了高质量的内部控制确实能够有效抑制会计信息的策略性披露行为（Chan et al.，2008；Ashbaugh – Skaife et al.，2008）。基于此，一个很自然的问题是，管理层之所以会大规模地进行可读性操纵是否与公司薄弱的内部控制有关？为检验这一问题，本书采用迪博公司发布的"内部控制指数"作为内部控制质量的代理变量，并以其中位数进行分组检验。本书预测，可读性操纵对股价崩盘风险的负面效应仅在内部控制质量较弱的样本组中存在。表 3 – 13 列示了基于内控质量分组的多元回归分析结果。结果表明，在内控质量较高组中，年报可读性 $Readability_{i,t-1}$ 与股价崩盘风险 $NCSKEW_{i,t}$、$DUVOL_{i,t}$、$COUNT_{i,t}$ 的系数均不显著，而在内控质量较低组中，年报可读性 $Readability_{i,t-1}$ 与股价崩盘风险 $NCSKEW_{i,t}$ 的系数为 0.076，在 5% 水平上显著；年报可读性 $Readability_{i,t-1}$ 与股价崩盘风险 $DUVOL_{i,t}$ 的系数为 0.086，在 1% 水平上显著；年报可读性 $Readability_{i,t-1}$ 与股价崩盘风险 $COUNT_{i,t}$ 的系数为 0.070，在 10% 水平上显著，表明当企业的内部控制较弱时，管理层通过操纵年报可读性来进行信息隐瞒的空间越大，股价崩盘风险越高，这与本书预期相符。

表 3 – 13 内部控制的影响检验

变量	内控质量高			内控质量低		
	（1）	（2）	（3）	（4）	（5）	（6）
	$NCSKEW_{i,t}$	$DUVOL_{i,t}$	$COUNT_{i,t}$	$NCSKEW_{i,t}$	$DUVOL_{i,t}$	$COUNT_{i,t}$
$Readability_{i,t-1}$	0.028	0.035	0.012	0.076**	0.086***	0.070*
	（1.00）	（1.44）	（0.51）	（2.47）	（3.21）	（1.85）
Controls	YES	YES	YES	YES	YES	YES
N	7 970	7 967	7 904	7 666	7 664	7 666
R^2	0.160	0.198	0.078	0.180	0.239	0.064

注：括号内数字为双尾检验的 t 值；标准误差经过企业层面 Cluster 群聚调整；***、**、* 分别表示在 1%、5%、10% 水平上显著。

第七节　本章小结

　　财务报告文本可读性的研究近年来得到了学术界的广泛关注。既有文献多聚焦于经营业绩、公司治理、融资成本等视角考察年报可读性的经济后果，或从管理层的行为策略角度研究其操纵动机，却鲜有探讨管理层有目的地控制年报文本信息的可读性是否影响股价崩盘风险，以及这种作用的具体影响机制和不同情境下的客观表现。有鉴于此，本书收集了 2009～2017 年 A 股上市公司年报文本，采用计算机文本分析技术构建年报可读性指标，实证检验了年报可读性对股价崩盘风险的影响。

　　研究发现：上市公司的年报可读性越低，其未来的股价崩盘风险越高，表明管理层有目的地撰写复杂的年报会增加企业的股价崩盘风险，且上述结论在使用双重差分法、工具变量法、改变年报可读性的衡量方法与排除另一种替代性解释等稳健性测试后依然稳健、可靠。在可读性基础上，管理层配合性地进行积极语调管理会增加可读性对股价崩盘风险的负面作用，具体表现为：年报语调越积极，可读性对股价崩盘风险的负面效应越明显；年报可读性影响股价崩盘风险主要是通过增加企业与外界的信息不对称来发挥作用；年报可读性对股价崩盘风险的负面效应仅在管理层自利动机较高（高管业绩压力较大）、内控质量较差的样本中显著。以上结果表明，年报可读性的策略性披露行为不仅可用于隐瞒坏消息，还会对股价稳定产生严重的负面影响。本书的研究丰富与拓展了年报可读性操纵经济后果和股价崩盘驱动因素两方面的研究文献，并对进一步深化财务报告信息披露制度改革、识别与防范金融市场系统风险具有重要的理论意义和现实意义。

第四章
年报文本信息策略性披露对
审计决策的影响研究

第一节　问题的引入

随着李（2008）开创性地将计算机文本分析技术引入财务研究中，年度财务报告语调（以下简称"年报语调"）成为学术界关注的重要问题。最早对这一问题展开研究的文献可追溯到投资者信息解读领域，不完全相关假说（Incomplete Revelation Hypothesis）认为，信息解读成本影响着资产价格反映信息的程度，投资者提取公开信息的成本越高，市场价格就越难揭示这部分信息（Bloomfield，2002）。因此，出于职业晋升、私有收益等自利考虑，管理层具有强烈动机操纵文本信息，给投资者信息解读制造障碍，以影响市场对公司前景的判断（Kothari et al.，2009）。在众多的文本操纵手段中，语调是其中最常见的一种，大量研究表明，相比财务信息，对语调信息进行粉饰更加隐蔽且"经济"，管理层有目的地提高语调积极性有助于营造企业繁荣的假象，并常被用于掩盖坏消息，从而加剧资本市场的信息不对称程度（Rogers et al.，2011；Ertugrul et al.，2017）。与国外较为成熟的研究成果相比，基于中文语境的年报语调研究尚处于起步阶段，仅有几篇文献考察了语调操纵对分析师专业信息解读、数字信息操纵以及内部人交易的影响（林乐和谢德仁，2017；王华杰和王克敏，2018；曾庆生等，2018），鲜有涉及审计决策层面。

就我国的现实情况而言，当前上市公司年报语调信息披露亟待规范化的问题逐渐引起了监管部门的重视。证监会在2015年修订的《公开发行证券的公司信息披露内容与格式准则第2号——年度报告的内容与格式》中明确指出，"年报中不得使用祝贺、恭维、推荐性的措辞"。除此之外，2015年修订的《公开发行证券的公司信息披露内容与格式准则第28号——创业板公司招股说明书》也将"简明"写作原则作为一项重要的信息披露规范，对语调措辞问题做出了明确规定。在此背景下，年报语调已然成为一个刻不容缓的研究话题。然而，与国外成熟市场不同，我国资本市场根植于转型经济中，市场监管和公司治理相对薄弱，代理问题较为突出，管理层操纵盈余数字的机会主义行为较为普遍，尤其是对文本信息披露的监管治理较为滞后，可能导致年报语调成为除盈余管理外另一种重要的信息操纵方式。此外，另一个不容忽视的因素是文化，我国是一个高语境传播国家，古往今来都有文过饰非的文化传统，而汉语本身也是表意非常丰富的语言，带有情感色彩的词语众多，这不仅为管理层进行语调信息操纵提供了绝佳素材，也使得这种行为异常复杂与隐蔽。在此背景下，作为财务报表监督者的审计师是否会关注到年报中的语调信息，并做出怎样的审计决策予以应对呢？

在审计实践中，年报文本的语调信息会对审计决策产生重要影响。在年报中，除财务报表和审计报告外，还包含"重要提示、目录和释义""公司简介和主要财务指标"与"公司业务概要"等其他信息，而语调被大量使用于"管理层讨论与分析"之中，用于表达企业的经营状况、未来前景等，以让投资者更好地了解其经营成果、财务状况及未来可能的变化。《中国注册会计师审计准则第 1521 号——注册会计师对其他信息的责任》规定，审计师对其他信息应保持应有的关注和充分的职业怀疑，这对审计师防止审计失败、降低执业风险至关重要。若管理层对语调信息的披露有失真实性，与财务报表或审计过程中了解的情况存在重大不一致，可能表明财务报表或其他信息存在重大错报风险。如果针对此类错报审计师没有采取恰当的应对措施，则可能有损财务报表与审计报告的可信性，甚至危及事务所的品牌声誉。同时，异常积极的语调常被用于隐藏坏消息，其背后反映出被审单位在经营管理方面可能存在不确定性。被审单位公司风险的加剧会导致审计失败的概率大大增加，审计师出于执业风险的担忧会收取更高审计费用进行风险对冲。因此，本书选取审计收费决策作为切入点来考察年报语调对审计决策的影响。

为此，本书以 2007～2017 年我国 A 股非金融业上市公司作为研究样本，研究年报语调是否以及如何影响审计决策。研究发现，年报语调越积极，审计师收取的审计费用越高。进一步分析发现，年报语调能够通过增加被审单位的经营风险从而导致审计师做出增加审计收费的决策；审计费用增加效应仅在民营企业和高信息不对称公司中存在；审计师的专业能力会强化年报语调对审计费用的正向关系，而事务所规模则会弱化二者关系；面对异常积极的年报语调，审计师的努力程度也会随之提高，表现为更高的审计质量。上述研究从审计视角证实年报语调确实是除财务报表外另一种可以被管理层操纵的信息，异常积极的语调反映出被审单位在经营方面可能存在重大错报风险。同时，审计师作为为年报信息提供鉴证服务的专业人士，能够对年报中的异常语调信息保持足够的职业关注，并通过增加审计投入方式以确保更高的审计质量，降低审计风险。

本书的研究贡献为：第一，国外研究对年报语调的认识存在分歧，尚未达成一致意见。一部分学者主张，年报语调能够提供增量信息，可以较好地预测公司未来业绩（Bochkay and Levine，2013），另一部分学者则认为，在资本市场相对缺乏文本信息监管的情况下，年报中很可能充斥着语调操纵后的信息，这不仅严重误导了信息使用者的决策判断（Lehavy et al.，2011），还会降低价格有效性和资本市场效率（Loughran and McDonald，2014；Lo et al.，2017）。本书利用我国上市公司数据，从审计师视角出发证实了语调信息很可能被管理层用于策略性披露，为澄清上述争议提供一种可能的视角。第二，目前关于年报信息披露质量对审计定价和审计质量影响的文献多聚焦于盈余数字视角，而基于年报文本信息的研究并不多，本书则拓展了审计定价、审计质量影响因素的相关研究。第三，本书从公司经营风险角度阐述了年报语调影响审计师决策的作用机制，验证了审计师能够对年报披露的非财务信息——语调保持职业怀疑，并从事务所行业专长、规模等方面考察了年报语调对审计定价影响可能存在的异质性，扩展了文本分析与审计师决策领域的相关研究。

第二节　理论分析与研究假设

年报语调对信息使用者决策的影响是一个有趣且重要的研究议题。语调信息有用观认为，文本语调中包含了公司未来经营业绩的增量信息，有助于提高信息使用者决策的准确性。特洛克等（Tetlock et al.，2008）考察了语调对企业收益和股票回报的影响，发现企业特定新闻报道中负面词汇比例越高意味着公司盈利能力较低，这说明投资者可以利用文本中的语调信息了解公司基本面的其他难以量化的信息。李（2010）则采用贝叶斯机器学习算法区分语调，检验了管理层分析与讨论部分中前瞻性陈述的语调特征，发现业绩越好、规模越小、波动率越低的公司会使用更多的正面语调进行信息披露；另外，前瞻性信息的语调也与公司未来盈利能力和流动性显著正相关，这说明年报的语调对未来盈利同样具有增量解释力，有助于预测公司未来盈余信息。在总结前人的基础上，洛克伦和麦克唐纳（2011）通过构建新的语调词典发现，管理层披露文本的语调会引起股票价格的波动，说明市场投资者会识别并利用年报中的语调信息。戴维斯等（2012）以业绩新闻稿为研究样本，通过构建每篇业绩新闻稿的净积极语调，也得出类似的结论：管理层语调越积极，累计异常收益越高。桑多列斯库（Sandulescu，2015）则从内部人行为的视角研究文本语调的有用性，发现年报中管理层分析与讨论的文本语调能反映内部人的交易行为，文本语调越积极，内部人买入股票越多，卖出股票越少。我国学者谢德仁和林乐（2015）同样使用"词袋"方法，以上市公司业绩说明会的文本信息为研究样本，结果表明，管理层语调有助于预测公司未来业绩，管理层积极语调及净积极语调与下一年业绩显著正相关，管理层负面语调与下一年业绩显著负相关，这意味着管理层披露的文本语调具有信息含量。

然而，近年来，越来越多的经验证据却指向文本语调是管理层操纵的结果。语调信息操纵观认为，与传统的盈余信息操纵一样，文本语调同样可以作为管理层信息操纵的工具。布罗克曼等（Brockman et al.，2013）以电话会议作为管理层语调的文本分析基础，发现电话会议中积极的语调预示着内部人卖出股份的行为，这表明文本语调是内部人管理或操纵信息披露的一种手段。黄等（2014）以年度盈余公告文本信息为研究对象，将语调情感倾向分为适应当期业绩的正常语调和偏离实际业绩水平的异常语调。研究发现，公司异常积极的语调与公司未来负向盈余和负向现金流正相关，这表明管理层对语调存在策略性管理行为。阿利和迪安吉里斯（2015）研究语气离散度与业绩的关系，结果表明，语调离散度语气分散与公司业绩、财务报告的选择以及管理层认知动机有关，分散的语调具有放大好消息或坏消息的作用。

语调作为年报中带有主观情绪色彩的非财务信息，是影响审计决策的一个重要信息源。第一，西蒙尼克（Simunic，1980）的研究表明，理性的审计师会将与风险有关的因素纳入决策范围，这些因素既与财务报表信息有关，也与非财务信息有关。《中国注册会计师审计准则第 1521 号——注册会计师对其他信息的责任》要求，注册会计师应当阅读除财务报表和审计报告以外的其他信息，考虑其他信息和财务报表之间是否存在重大不一致，并对其他信息中似乎存在重大错报的迹象保持警觉。语调信息大量存在于年报中的管理层讨论与分析部分，依据《上市公司信息披露管理办法》，管理层讨论与分析既是管理层对公司过去经营状况的评价和对未来发展趋势的前瞻性判断，也是对企业财务报表中所描述的财务状况和经营成果的解释。如果语调披露情况与审计师了解的被审单位实际情况有所差距，则表明财务报表层次可能存在重大错报风险。第二，语调常被用于隐藏"坏消息"，其中可能蕴含着管理层的机会主义动机。年报中存在语调操纵的迹象很可能表明被审单位存在由于舞弊或错误导致的重大错报风险。例如，王华杰和王克敏（2018）研究发现，管理层语调操纵和盈余管理行为相关，语调操纵是盈余管理的辅助行为，其方向与盈余管理相同。曾庆生等（2018）研究发现，年报语调越积极，高管在年报披露后卖出股票规模越大，净买入股票规模越小，表明语调是一种可以被内部人管理或操纵的信息。埃尔图格尔等（2017）的研究表明，语调管理程度越高，公司未来的股价崩盘风险越高。针对舞弊或错误导致的重大错报风险，审计师设计和实施恰当的审计程序予以应对，并获取充分、适当的审计证据，作为发表审计意见的基础，是注册会计师对财务报表审计的重要责任。

在注册会计师行业面临的执业风险急剧上升的当下，审计师会对语调信息反映的潜在风险保持足够的职业怀疑。职业怀疑要求审计师对相互矛盾的审计证据、可靠性产生怀疑的信息等保持警觉。当语调信息不再真实地反映公司经营状况，而是为隐藏坏消息而采取的策略性披露手段时，这很可能反映了公司的经营状况存在不确定性，导致审计师将被审单位的重大错报风险评估为高水平。布雷塞尔等（Brazel et al.，2009）研究发现，审计师能够有效利用公司披露的非财务信息来评估和识别会计重大错报风险。蔡利等（2018）研究发现，秉持职业怀疑的审计师会更加警惕带有主观信息的审计证据。当管理层语调异常积极，特别是公司财务信息反映的内容存在不一致时，审计师有理由相信被审单位存在较高的重大错报风险。从审计风险角度分析，审计风险模型指出，审计风险由被审单位的重大错报风险和审计师的检查风险组成，且在审计风险一定的情况下，两者呈反向关系。如果审计师察觉出语调操纵背后可能存在较大的错报风险，审计师会采取诸如增加审计工作时间、扩大审计范围、减少控制测试转而执行更多的实质性程序、增加审计程序的不可确定性等措施予以应对，来降低检查风险，以确保审计风险维持在低水平（陈宋生和田至立，2019）。由于审计工作量的增加，审计师会索取更高的审计收费。从执业风险角度分析，若审计师未识别出语调操纵行为而致使年报使用者利益受损，则会导致审计师面临较高的执业风险。面对语调操纵引发的执业风险上升，审计师会执行更加审慎、专业的审计工作，诸如选派专业技能更强的项目组成员、聘请外界专家并咨询专业意见等，以将执业风险控制在可接受的水平（张俊瑞等，2017）。此时执业风险的增加意味着审计师在提供审计服务时会有更多的审计投入以及更大风险补偿的要求（DeFond and Zhang，2014），因而会提高审计收费来弥补审计成本和风险溢价的上升。综合上述分析，本书提出如下假设：

H2：在其他条件一定的情况下，年报语调越积极，审计收费越高。

第三节　样本选择与模型设定

一、样本选取和数据来源

本书以 2007～2017 年 A 股上市公司为样本，选择 2007 年作为起始年度是因为我国于当年实施了新的会计准则和审计准则。在剔除金融、保险业和被特别处理的上市公司，以及财务数据缺失的样本后，最终得到 14 548 个观测值。本书使用的事务所和企业特征数据来自 CSMAR，财务重述数据来自迪博数据库。为避免极端值影响，本书对所有连续变量进行了 1% 水平的 winsorize 处理。

本书使用批量下载软件从巨潮资讯网上提取 2007～2017 年 A 股上市公司年度报告，通过阅读中国证监会颁布的《公开发行证券的公司信息披露内容与格式准则第 2 号——年度报告的内容与格式》历次修订版文件，确定了"管理层讨论与分析"的定位规律。具体而言,在 2014 年及以前,"管理层讨论与分析"归属于"董事会报告"或"董事会工作报告"章节,而在 2015 年及以后则独立放在"经营情况讨论与分析"章节。然后,利用非关系数据库(MongoDB)存储截取后的文本,并通过 Python 中的 pdfplumber 包进行读取。在数据挖掘前,本书定义以下规则:若发现正面词汇前有否定词,则确定为负面词汇,反之亦然;若同一词汇在一个年报中出现多次,则按累计数计算词频。最后,添加中文情感词典,使用 Python 的 jieba 包进行分词并统计语调数据。

二、变量定义和模型设定

为检验年报语调对审计费用的影响,本书构建了如下回归模型:

$$AUDFEE = \beta_0 + \beta_1 TONE + \beta_2 CONTROLS + YEAR + INDUSTRY + \varepsilon \qquad (4.1)$$

其中,被解释变量为审计费用(AUDFEE),等于上市公司审计费用的自然对数。解释变量为年报语调(TONE)。针对年报语调,目前国外做法有洛克伦和麦克唐纳(2011)基于英语语境下《金融情感英文词汇》构建的语调指标。国内学者如曾庆生等(2018)仿照该方法,使用有道词典、金山词霸等进行英译汉翻译构建年报语调指标,但是考虑到电子词典在翻译过程可能存在不准确的问题,本书认为有必要使用汉语情感词典来构建基于中文语境的年报语调指标。基于此,本书选择《台湾大学情感词典》《清华大学李军中文褒贬义词典》与《知网情感分析词典》作为情感词典,统计了积极词汇和消极词汇数量。然后,参照谢德仁和林乐(2015)的方法,以(正面词汇数 - 负面词汇数)÷(正面词汇数 + 负面词汇数)作为年报语调代理变量。

与现有研究一致(Fung et al.,2012),本书在模型中加入了如下控制变量(CONTROLS):审计投入(INPUT)、审计意见(MAO)、公司成长性(BM)、上市年龄(AGE)、第一大股东持股(SHR1)、两职合一(DUAL)、年报透明度(DA)、产权性质(SOE)、独立董事占比(BOAIND)、资产流动率(CURR)、应收账款占比(REC)、营业现金流(CFO)、客户经济依赖性(DENP)、年度固定效应(YEAR)和行业固定效应(INDUSTRY)。具体变量定义见表 4 - 1。

表 4 -1 　　　　　　　　　　　　　　**变量定义**

变量类型	变量名	变量符号	变量定义
被解释变量	审计费用	AUDFEE	财务报表审计费用的自然对数
解释变量	年报语调	TONE	年报管理层讨论与分析部分中正面词汇数与负面词汇数之差除以正面词汇数与负面词汇数之和
控制变量	审计投入	INPUT	资产负债表日至审计报告日间隔天数的自然对数
	审计意见	MAO	若审计意见为非标审计意见为 1，否则为 0
	公司成长性	BM	上市公司市值与股东权益账面价值之比
	上市年龄	AGE	上市公司的上市年限
	第一大股东持股	SHR1	第一大股东持股占总股本的比例
	两职合一	DUAL	若董事长和总经理由同一人担任为 1，否则为 0
	年报透明度	DA	操作性应计利润绝对值
	产权性质	SOE	若被审单位为国有企业为 1，否则为 0
	独立董事占比	BOAIND	独立董事占董事会人数的比例
	资产流动率	CURR	流动资产除以总资产
	应收账款占比	REC	应收账款除以总资产
	营业现金流	CFO	现金流量净额除以总资产
	客户经济依赖性	DENP	公司审计收费占事务所当年所有上市公司客户审计收费的比重
	年度固定效应	YEAR	控制年度
	行业固定效应	INDUSTRY	控制行业，依据 2012 年《上市公司行业分类指引》，剔除金融业（J）后，最终得到 18 个行业

第四节　实证结果与分析

一、描述性统计

表 4 -2 报告了主要变量的描述性统计结果。结果显示，AUDFEE 的均值为

4.279，标准差为0.618，最小值和最大值分别为2.996和6.492，表明我国资本市场中审计师鉴证服务收费存在较大差异。年报语调方面，TONE的均值和中位数分别为0.599和0.602，总体来看，我国上市公司的年报语调偏向于正面。控制变量方面，MAO的均值为0.012，表明约有1.2%的上市公司审计报告获得了非标审计意见。BM的最小值为0.077，最大值为6.391，均值为0.869，标准差为0.871，反映出上市公司的成长性差异较大。SHR1的均值等于0.353，说明"一股独大"现象在我国上市公司中依然较为突出。DUAL的均值为0.236，表明全样本中有近23.6%的公司CEO兼任董事长，揭示出两职合一现象在上市公司中比较普遍。SOE均值等于0.412，表明样本观测值中有41.2%的企业终极控制人为国有属性。

表4-2　　　　　　　　　主要变量描述性统计

变量	样本量	均值	标准差	最小值	中位数	最大值
AUDFEE	14 548	4.279	0.618	2.996	4.174	6.492
TONE	14 548	0.599	0.067	0.415	0.602	0.762
INPUT	14 548	4.490	0.256	3.332	4.500	4.771
MAO	14 548	0.012	0.107	0	0	1
BM	14 548	0.869	0.871	0.077	0.589	6.391
AGE	14 548	9.810	6.148	1	8	28
SHR1	14 548	0.353	0.151	0.033	0.334	0.900
DUAL	14 548	0.236	0.424	0	0	1
DA	14 548	0.058	0.062	0.001	0.040	0.371
SOE	14 548	0.412	0.492	0	0	1
BOAIND	14 548	0.370	0.052	0.300	0.333	0.571
CURR	14 548	0.566	0.205	0.051	0.582	0.971
REC	14 548	0.113	0.100	0.000	0.090	0.450
CFO	14 548	0.046	0.072	-0.219	0.045	0.265
DENP	14 548	0.081	0.174	0.001	0.022	1

二、主要回归结果

表4-3报告了年报语调与审计费用的检验结果。其中，第（1）~（2）列列示了未加控制变量情况下的回归结果，第（3）~（4）列列示了加入控制变量后的回归结果。结果显示，第一，在不考虑控制变量时，年报语调（TONE）与审计费用（AUDFEE）的回归系数为0.099，t值等于2.36，在5%水平上显著为正，表明年报披露的语调越积极，审计费用越高。第二，在考虑控制变量后，年报语调（TONE）与审计费用（AUDFEE）的回归系数为0.327，t值等于2.68，在1%水平上显著为正，无论是回归系数还是显著性水平都有所上升，这说明企业层面和事务所层面的某些特征变量是影响审计收费决策的重要因素，考虑了这些因素后，年报语调对审计费用的正向影响更加明显。第三，控制变量的回归结果表明，审计投入、公司成长性、上市年龄、第一大股东持股、营业现金流和客户经济依赖性对审计收费的增加起到了显著推动作用，而过高的两职合一、资产流动率以及国有产权性质则会降低审计收费。其中，审计投入和公司成长性对审计费用的促进作用尤为明显，可能的原因是，一方面，李伟等（2018）研究发现，审计师索要更高审计费用很大程度上是对审计投入的价格补偿；另一方面，对于成长性越好的公司，其涉及的经济业务与会计事项越复杂，审计过程中需要的执行程序就越多，这必然会提高审计收费。综上，以上回归结果支持了H1。

表4-3   年报语调与审计费用的回归结果

变量	AUDFEE		AUDFEE	
	（1）	（2）	（3）	（4）
	系数	t值	系数	t值
TONE	0.099**	2.36	0.327***	2.68
INPUT			0.116***	4.93
MAO			0.028	0.60
BM			0.262***	15.64
AGE			0.011***	4.86

续表

变量	AUDFEE		AUDFEE	
	(1)	(2)	(3)	(4)
	系数	t 值	系数	t 值
SHR1			0.004 ***	5.64
DUAL			−0.050 **	−2.52
DA			0.043	0.47
SOE			−0.074 **	−2.58
BOAIND			0.196	1.10
CURR			−0.166 ***	−2.75
REC			0.125	1.18
CFO			0.616 ***	6.03
DENP			0.313 ***	7.37
Constant	3.699	42.37	2.809 ***	16.26
YEAR	控制		控制	
INDUSTRY	控制		控制	
N	14 548		14 548	
Adj. R²	0.344		0.273	

注：第（1）～（2）列分别为未加控制变量情况下回归结果的系数和t值，第（3）～（4）列分别为加入控制变量后回归结果的系数和t值；回归结果的标准误差经过企业层面 Cluster 群聚调整；***、**、*分别表示在1%、5%、10%水平上显著。

第五节　稳健性检验

一、内生性检验

本书主要采用工具变量法和滞后自变量法缓解模型的内生性问题。

首先，主回归模型中可能会存在诸多影响审计收费的遗漏变量导致估计结果有偏差。为缓解上述内生性问题，参照许等（Xu et al.，2014）的方法，本书分别以同年度同行业除样本公司外的其他公司年报语调的平均值（IND_YEA_TONE）和同年度同省份除样本公司外的其他公司年报语调的平均值（PRO_YEA_TONE）作为工具变量，采用两阶段最小二乘法进行检验。工具变量的选取需满足相关性条件和外生性条件。同一年度内，相同行业或省份的公司面临着相似的外部环境，因而工具变量与原自变量间具有相关性。此外，尚没有证据表明同行业同年度其他公司的年报语调会影响审计费用或审计质量，故工具变量的选取满足外生性。表 4 - 4 列报的相关性检验结果显示，Shea's 偏 R^2 为 0.060，F 值为 227.070，远高于临界值，满足相关性检验。外生性检验结果显示，Sargan 检验和 Basmann 检验的卡方值均不显著，通过外生性检验。以上结果表明，本书选取的工具变量具有合理性。表 4 - 4 的第（1）~（2）列报告了工具变量法的检验结果。本书发现，在第一阶段检验中，工具变量 IND_YEA_TONE 与 TONE 的回归系数为 0.849，在 1% 水平上显著为正，PRO_YEA_TONE 与 TONE 的回归系数为 0.874，在 1% 水平上显著为正；在第二阶段检验中，年报语调 TONE 与审计费用 AUDFEE 的回归系数等于 1.761，在 1% 水平上为正，回归结果与主回归一致，表明在控制内生性问题后，本书的研究结果依然稳健。其次，本书的研究结论可能存在反向因果问题，如能够支付较高审计费用的样本通常是基本面较好的企业，而这类企业自然会在年报中使用更多的正面词汇。为此，参照周泽将等（2018）的方法，本书采用将自变量 TONE 滞后一期进行检验。表 4 - 4 的第（3）列报告了回归结果。结果显示，滞后一期的年报语调 TONE 与审计费用 AUDFEE 的回归系数为 0.419，在 1% 水平上显著为正，表明在控制反向因果关系后年报语调对审计费用的正向影响依然存在。

表 4 - 4　　　　　　　　　内生性检验的回归结果

变量	(1) 工具变量法：第一阶段 TONE	(2) 工具变量法：第二阶段 AUDFEE	(3) 滞后自变量法 AUDFEE
TONE		1.761 *** (2.62)	0.419 *** (2.96)

续表

变量	（1）工具变量法：第一阶段	（2）工具变量法：第二阶段	（3）滞后自变量法
	TONE	AUDFEE	AUDFEE
IND_YEA_TONE	0.849 ***		
	(10.58)		
PRO_YEA_TONE	0.874 ***		
	(17.32)		
CONTROLS	控制	控制	控制
YEAR	控制	控制	控制
INDUSTRY	控制	控制	控制
Constant	-0.415 ***	1.798 ***	2.920 ***
	(-7.54)	(4.11)	(15.28)
N	10 748	10 748	10 726
Adj. R^2	0.164	0.293	0.243
Shea's 偏 R^2	0.060		
F 值	227.070		
Sargan 卡方值		0.600	
P 值		0.439	
Basmann 卡方值		0.598	
P 值		0.440	

注：括号内的 t 值为根据公司进行 Cluster 后的标准差估计得到；***、**、* 分别表示在 1%、5%、10% 水平上显著；为节约篇幅，本书未列报控制变量的检验结果。

二、改变年报语调衡量方法

在主回归模型中，出于过滤掉中性语调词汇的目的，本书以净语调作为年报语调的代理变量，为进一步增强该指标的可靠性，参照曾庆生等（2018）的做法，本书改变了年报语调衡量方法，使用管理层讨论与分析的正面语调〔正面词汇数÷（正面词汇数＋负面词汇数）］作为年报语调的代理变量。表4-5的第（1）列报告了检验结果，结果显示，审计费用与正面语调的回归系数等于0.713，在1%水平上显著为正，与主回归结果一致。

三、使用完整年报对语调信息进行统计

在主回归中，本书以"管理层讨论与分析"作为文本素材来对语调信息进行统计，但考虑到除这一板块外年报中还包含"重要提示、目录和释义""公司简介和主要财务指标""公司业务概要""重要事项"等大量文本信息，因此，本书以完整年报的语调［（正面词汇数－负面词汇数）÷（正面词汇数＋负面词汇数）］作为年报语调的代理变量，进一步考察年报语调与审计费用之间的关系。表4-5的第（2）列报告了检验结果，审计费用与完整年报语调的回归系数为0.890，在1%水平上显著为正，检验结果没有发生变化。

四、公司固定效应模型

主检验结果可能受到不随时间变化的公司固定因素的影响。为此，本书控制了公司固定效应重新进行回归估计。表4-5的第（3）列报告了检验结果，本书发现，年报语调与审计费用的回归系数为0.135，在5%水平上显著为正，表明本书的检验结果并不是因为遗漏了某些不随时间变化的自变量所致。

表4-5　　　　　　　　稳健性检验的回归结果

变量	(1) 改变年报语调衡量方法	(2) 使用完整年报对语调信息进行统计	(3) 固定效应模型
	AUDFEE	AUDFEE	AUDFEE
TONE	0.713*** (2.89)	0.890*** (3.91)	0.135** (2.49)

续表

变量	（1） 改变年报语调 衡量方法	（2） 使用完整年报对 语调信息进行统计	（3） 固定效应模型
	AUDFEE	AUDFEE	AUDFEE
CONTROLS	控制	控制	控制
YEAR	控制	控制	控制
INDUSTRY	控制	控制	控制
Constant	2.427 ***	2.568 ***	3.291 ***
	(9.72)	(13.40)	(25.50)
N	14 504	14 548	14 548
Adj. R^2	0.272	0.274	0.479

注：括号内的 t 值为根据公司进行 Cluster 后的标准差估计得到；***、**、*分别表示在 1%、5%、10% 水平上显著；为节约篇幅，本书未列报控制变量的检验结果。

第六节 进一步分析

一、影响机制分析

依据前面的理论分析，年报语调之所以影响审计费用，是因为审计师透过管理层披露的语调信息已然识别出了企业经营存在不确定性，公司风险的上升致使评估的重大错报风险上升，审计师通过提高审计收费以弥补审计成本和风险溢价的增加。为检验上述传导路径，借鉴现有文献（翟胜宝等，2014；王永海和石青梅，2016），本书从 Z 指数（Z_SCORE）和风险承担能力（RISK_TAKING）两方面来衡量公司风险，并将其作为中介因子进行中介效应检验。其中，Z 指数由奥尔特曼（Altman）提出，用于衡量企业整体经营风险的变化情况，计算方法为：$Z\_SCORE = 1.2 \times$ 营运资金 ÷ 总资产 $+ 1.4 \times$ 留存收益 ÷ 总资产 $+ 3.3 \times$ 息税前利润 ÷ 总资产 $+ 0.6 \times$ 股票总市值 ÷ 负债账面价值 $+ 0.999 \times$ 销售收入 ÷ 总资产，Z_SCORE 数值越小，公司面临的经营风险越高。风险承担能力的计算公式如下：

$$RISK\_TAKING_i = \sqrt{\frac{1}{N-1} \sum_{n-1}^{N} \left(ADJ\_ROA_{in} - \frac{1}{N} \sum_{n-1}^{N} ADJ\_ROA_{in} \right)^2}$$

(4.2)

其中，ADJ_ROA 为经过分年度分行业中位数调整的企业 ROA，n 表示年度，N 等于 3。$RISK\_TAKING$ 数值越小，公司抗风险能力越弱。表 4-6 的第（1）~（2）列和第（3）~（4）列分别为 Z_SCORE 和 $RISK\_TAKING$ 作为中介因子的检验结果。结果显示，在第（1）列中，$TONE$ 与 Z_SCORE 的系数为 -0.266，在 1% 水平上显著为负，表明年报语调越积极，公司面临的经营风险越高。在第（3）列中，$TONE$ 与 $RISK\_TAKING$ 的系数为 -0.036，在 1% 水平上显著为负，表明年报语调越积极的公司，其抗风险能力越弱。考虑中介因子后，在第（2）列中，Z_SCORE 与 $AUDFEE$ 的回归系数为 -0.022，在 1% 水平上显著为负，Sobel 检验的 Z 值为 2.189，P 值为 0.029，在 5% 水平上显著，同时，在第（4）列中，$RISK\_TAKING$ 与 $AUDFEE$ 的回归系数为 -0.641，在 1% 水平上显著为负，Sobel 检验的 Z 值为 2.116，P 值为 0.034，在 5% 水平上显著，以上结果表明公司风险在年报语调与审计费用的关系中发挥了部分中介效应。综上，年报语调通过增加经营风险导致审计师收取更高的审计费用。

表 4-6　　　进一步分析：年报语调对审计费用影响的中介效应检验

变量	(1)	(2)	(3)	(4)
	Z_SCORE	AUDFEE	RISK_TAKING	AUDFEE
TONE	-0.266 ***	0.294 ***	-0.036 ***	0.325 ***
	(-2.70)	(3.38)	(-12.21)	(4.73)
Z_SCORE		-0.022 ***		
		(-3.74)		

续表

变量	(1)	(2)	(3)	(4)
	Z_SCORE	AUDFEE	RISK_TAKING	AUDFEE
RISK_TAKING				-0.641^{**}
				(-2.15)
CONTROLS	控制	控制	控制	控制
YEAR	控制	控制	控制	控制
INDUSTRY	控制	控制	控制	控制
Constant	0.541^{*}	2.556^{***}	0.0214^{*}	2.672^{***}
	(1.69)	(11.46)	(1.88)	(8.09)
N	14 541	14 541	9 448	9 448
Adj. R^2	0.365	0.273	0.132	0.239
Sobel Z	2.189		2.116	
Sobel Z 的 P 值	0.029		0.034	

注：括号内的 t 值为根据公司进行 Cluster 后的标准差估计得到；***、**、*分别表示在 1%、5%、10% 水平上显著；为节约篇幅，本书未列报控制变量的检验结果。

二、横截面差异分析

在主回归中，本书发现，年报语调与审计收费之间呈现正相关关系。接下来，本书从产权性质、信息不对称视角进一步考察上述关系在横截面上的差异。首先，本书分析产权性质层面的差异。由于国有企业在追逐经济效益的同时还承担着大量社会属性，特别是在党的十九大以后，国企高管粉饰报表信息要更多地考虑到自身政治风险问题（金宇超等，2016），这些因素会导致国企高管相对于民营企业来说通过粉饰年报信息来获取个人利益的动机相对较弱。因此，与国有企业相比，民营企业管理层更可能会对语调信息进行操纵，那么年报语调与审计收费的正相关关系应在民营企业中更为显著。为此，本书按照控股股东的产权性质将全样本分为国企组和非国企组，进而进行回归分析。表4-7的第（1）~（2）列报告了检验结果。在国有企业中，年报语调与审计费用的回归系数为 0.218，并不显著，而在民营企业中，年报语调与审计费用的回归系数为 0.397，在 1% 水平上显著为正，表明年报语调与审计收费的正向关系在民营企业中更显著。

其次，本书考察信息不对称的横截面差异。弗兰克尔（Frankel）和李（2014）的研究指出，当公司内部人与投资者之间的信息不对称程度降低时，内部人的机会主义行为会有所收敛。孔东民和刘莎莎（2017）研究发现，在企业信息不对称程度较高的情况下，公司更有可能通过操纵盈余来迎合股东。进一步地，埃尔图格尔等（2017）研究发现，在信息不对称较高的企业中，管理层更可能借助语调操纵来迷惑投资者，以向市场营造虚假繁荣的假象。综上，与信息不对称程度较低的公司相比，信息不对称程度较高的公司年报语调与审计费用的正相关关系更显著。据此，本书按照阿米胡德（Amihud，2002）的方法，以流动性比率作为信息不对称的代理变量，该指标数值越大，表示股票流动性越低，信息不对称程度越高。然后，以信息不对称的中位数进行高低组检验。表 4-7 的第（3）~（4）列报告了分组检验结果。在信息不对称程度较高组中，年报语调与审计费用的回归系数为 0.402，在 1% 水平上显著为正，而在信息不对称程度较低组中，年报语调与审计费用的回归系数并不显著，表明年报语调与审计收费的正向关系在信息不对称程度较高的企业中更显著。

表 4-7　　　进一步分析：年报语调对审计费用影响的横截面差异检验

变量	（1）国企	（2）非国企	（3）信息不对称程度高	（4）信息不对称程度低
	AUDFEE	AUDFEE	AUDFEE	AUDFEE
TONE	0.218	0.397***	0.402***	0.149
	(0.97)	(2.95)	(3.56)	(0.82)
CONTROLS	控制	控制	控制	控制
YEAR	控制	控制	控制	控制
INDUSTRY	控制	控制	控制	控制
Constant	2.405***	3.101***	3.0066***	2.9899***
	(8.44)	(15.06)	(12.20)	(17.56)

变量	（1）	（2）	（3）	（4）
	国企	非国企	信息不对称程度高	信息不对称程度低
	AUDFEE	AUDFEE	AUDFEE	AUDFEE
N	5 990	8 558	7 274	7 274
Adj. R^2	0.290	0.273	0.2403	0.1803

注：括号内的 t 值为根据公司进行 Cluster 后的标准差估计得到；***、**、* 分别表示在 1%、5%、10% 水平上显著。

三、审计师专业能力、事务所规模的调节作用

首先，本书考察审计师专业能力对年报语调与审计收费的调节作用。迪安杰洛（DeAngelo，1981）指出，财务报告中的错报能否被发现需依赖审计师的专业能力。与传统的财务数字信息操纵相比，基于年报语调的信息操纵行为更为隐蔽和复杂，异常语调的识别需要审计师运用大量的专业判断和对被审单位及其行业具备相当的了解才能去伪存真，而具备专业能力的审计师往往拥有更丰富的审计经验和更出色的业务能力，会对年报中异常积极的语调保持足够的职业怀疑。因此，本书预期，由专业能力更强的审计师执行审计，年报语调与审计费用之间的正向关系更显著。为检验审计师专业能力对年报语调和审计费用之间关系的调节效应，本书构建了如下回归模型：

$$AUDFEE = \beta_0 + \beta_1 TONE + \beta_2 EXP + \beta_3 TONE \times EXP + \beta_4 CONTROLS$$
$$+ YEAR + INDUSTRY + \varepsilon \tag{4.3}$$

参照梅丹和高强（2016）的方法，选取客户营业收入作为份额指标，采用行业市场份额法来估算审计师专业能力（EXP）。该指标数值越大，审计师的专业能力越强。表 4 - 8 的第（1）列报告了检验结果，交乘项 TONE × EXP 与 AUDFEE 的回归系数为 0.069，在 1% 水平上显著为正，表明具备专业能力的审计师执行审计会进一步提高年报语调对审计费用的正向影响。

其次，理论上，事务所规模对年报语调与审计收费的影响可能存在两种效应：第一种情况是，面对语调操纵引发的较高职业风险，较大规模的事务所执

行的审计程序会更加严格，其业务质量控制也更加规范，向客户索要的风险溢价也会随之上涨，那么此种情况下，事务所规模表现为增加年报语调与审计费用正向关系的调节效应；第二种情况是，由于我国审计市场本土事务所间存在较为激烈的竞争，面对大事务所的业务竞争，小事务所为抢占生存空间可能会对执业风险更加敏感，加之我国资本市场对年报文本信息的监管并不完善（杨丹等，2018），审计准则对其他信息的审计责任认定还有待强化，这些因素很可能导致大事务所面临与语调操纵有关的"深口袋"问题并不严重，此时事务所规模表现为抑制年报语调与审计费用正向关系的调节效应。为此，本书以是否为国内十大会计师事务所①（BIG10）作为调节变量放入回归模型（4.3）中进行检验。检验结果如表 4 - 8 的第（2）列所示，交乘项 TONE × BIG10 与 AUDFEE 的回归系数为 - 0.420，在 10% 水平上显著为负，检验结果验证了第二种理论解释，表明事务所规模会弱化年报语调与审计收费之间的正向关系。

表 4 - 8　　进一步分析：审计师专业能力、事务所规模的调节作用检验

变量	（1）	（2）
	审计师专业能力	事务所规模
	AUDFEE	AUDFEE
TONE	0.318***	0.489***
	(2.60)	(3.50)
EXP	- 0.002***	
	(- 3.32)	
TONE × EXP	0.069***	
	(4.75)	
BIG10		0.513***
		(3.80)
TONE × BIG10		- 0.420*
		(- 1.90)

① 国内十大会计师事务所是指：普华永道中天会计师事务所、德勤华永会计师事务所、立信会计师事务所、安永华明会计师事务所、毕马威华振会计师事务所、瑞华会计师事务所、天健会计师事务所、大华会计师事务所、致同会计师事务所、信永中和会计师事务所。

续表

变量	(1)	(2)
	审计师专业能力	事务所规模
	AUDFEE	AUDFEE
CONTROLS	控制	控制
YEAR	控制	控制
INDUSTRY	控制	控制
Constant	2.811***	2.746***
	(16.32)	(15.72)
N	14 548	14 548
Adj. R²	0.274	0.311

注：括号内的 t 值为根据公司进行 Cluster 后的标准差估计得到；***、**、* 分别表示在 1%、5%、10% 水平上显著。

四、对审计质量的影响

若语调操纵引发的审计风险促使审计师提高审计收费，那么，从理论上讲，其提供的审计质量也应该有所提高，这是因为：第一，为应对较高的审计风险，审计师在审计实践中通常会采取实质性方案予以应对，即减少甚至放弃控制测试，同时增加实质性程序，而更多实质性程序的使用会促使审计质量提升；第二，由于语调操纵很可能与管理层舞弊有关，而审计准则规定当被审单位存在舞弊迹象时，审计师需专门针对特别风险实施实质性程序，以获取具有高度相关性和可靠性的审计证据，实施更严密的审计程序将会带来更高质量的审计；第三，已有研究发现，积极语调操纵会给公司带来更高的诉讼风险，如罗杰斯等（Rogers et al.，2011）研究发现，盈余公告中的积极语调与企业被诉讼次数呈显著正相关关系，卡恩等（Cahan et al.，2011）也研究发现，当被审单位的诉讼风险上升时，会计师事务所的声誉也可能遭受损失，为降低诉讼风险带来的声誉损失，审计师有动力提高审计质量。基于上述分析，本书预期，年报语调越积极，审计质量越高。为检验年报语调对审计质量的影响，本书构建了如下回归模型：

$$QUALITY = \beta_0 + \beta_1 TONE + \beta_3 CONTROLS + YEAR + INDUSTRY + \varepsilon \qquad (4.4)$$

模型（4.4）的被解释变量为审计质量（QUALITY），参照宋子龙和余玉苗（2018）的方法，使用修正 Jones 模型分年度、分行业计算出的操纵性应计利润绝对值作为代理变量，该指标越小，审计质量越高。参照黄等（2015）的方法，在审计质量模型中本书控制了如下变量：每股收益（普通股每股税后利润）、公司规模（总资产的自然对数）、资本密集度（期末固定资产净额除以期末总资产）、营业收入增长率（公司营业收入增长率）、审计意见（若审计意见为非标审计意见为1，否则为0）、两职合一（若董事长和总经理由同一人担任为1，否则为0）、企业价值（公司托宾 Q 值）、盈利能力（公司资产收益率）、产权性质（若被审单位为国有企业为1，否则为0）、应收账款占比（应收账款除以总资产）、营业现金流（现金流量净额除以总资产）、资产流动率（流动资产除以总资产）、年度固定效应和行业固定效应。

表4-9的第（1）列为年报语调与审计质量的回归结果。本书以操纵性应计绝对值作为审计质量的代理变量，在控制了影响审计质量的相关变量后，年报语调（TONE）与审计质量（QUALITY）的回归系数为-0.030，t 值等于-3.50，在1%水平上显著为负，表明年报中异常高的积极语调会导致审计师提高审计质量。同时，本书还参照布兰克利等（Blankley et al.，2014）的做法，将上市公司在未来是否发生财务重述作为审计质量的代理变量，使用 Logit 模型进行回归。表4-9的第（2）列报告了结果，结果显示，年报语调与财务重述的回归系数为-1.020，Z 值为-1.87，在10%水平上显著为负，检验结果与操纵性应计绝对值的回归结果一致。

另外，为进一步说明对于语调操纵程度较高的企业，审计师收取较高审计费用溢价的目的是提升审计质量，而不是用于与客户合谋支付购买审计意见的费用，本书借鉴德丰等（DeFond et al.，2002）的做法，将审计费用划分为正常部分和异常部分，首先估算正常部分，将实际审计费用与正常审计费用的残差绝对值定义为审计费用溢价，然后按照其中位数进行分组，并以操纵性应计绝对值作为因变量重新对模型（4.4）进行回归分析。表4-9的第（3）~（4）列报告了检验结果，本书发现，在审计费用溢价较低组中，年报语调（TONE）与审计质量（QUALITY）的回归系数为-0.019，并不显著，而在审计费用溢价较高组中,年报语调(TONE)与审计质量(QUALITY)的回归系数为 - 0.040,在1%水平上显著为负,该结果表明审计师收取高额审计费用溢价的目的是确保审计质量。

表4-9   进一步分析:年报语调对审计质量的影响检验

变量	(1)	(2)	(3)	(4)
	操纵性应计绝对值	财务重述	审计费用溢价低	审计费用溢价高
	QUALITY	QUALITY	QUALITY	QUALITY
TONE	- 0.030 ***	- 1.020 *	- 0.019	- 0.040 ***
	(- 3.50)	(- 1.87)	(- 1.60)	(- 3.45)
CONTROLS	控制	控制	控制	控制
YEAR	控制	控制	控制	控制
INDUSTRY	控制	控制	控制	控制
Constant	0.083 ***	2.900 **	0.056 **	0.100 ***
	(4.67)	(2.35)	(2.20)	(4.33)
N	14 556	13 332	7 019	7 537
Adj. R^2	0.136	0.150	0.154	0.125

注:第(2)列为 Logit 模型的回归结果,括号内为 Z 值,经过公司层面 Cluster 调整;其他括号内的 t 值为根据公司进行 Cluster 后的标准差估计得到;*** 、** 、* 分别表示在1%、5%、10%水平上显著。

第七节   本 章 小 结

年报语调对信息使用者决策的影响是近年文本分析领域重要的研究议题。现有文献多聚焦于投资者、分析师视角,而鲜有考察语调操纵是否影响审计师决策。鉴于此,本书基于2007~2017年我国 A 股上市公司年报,采用文本分析法挖掘出年报文本中的语调信息,从审计费用视角考察年报语调对审计决策的影响。具体结论如下：（1）年报语调与审计费用之间呈现显著的正向关系，表明审计师做出审计收费决策时考虑了语调操纵的影响；（2）公司经营风险在年报语调与审计费用的关系中发挥着部分中介效应，即年报语调的审计收费提高效应更多地通过增加被审单位的经营风险来发挥作用；（3）依据企业产权性质和信息不对称程度分组，发现年报语调对审计费用的正向作用仅在民营企业和高信息不对称的公司中存在；（4）通过对审计师专业能力、事务所规模的调节效应检验发现，具备专业能力的审计师执行审计会强化年报语调对审计费用的正向关系，而规模较大的事务所执行审计则会弱化年报语调对审计费用的正向关系；（5）年报语调越积极，审计质量越好，表明异常积极年报语调引发的审计风险会导致审计师通过努力执业来确保审计质量。

近年来，无论监管层还是学术界都愈发重视审计风险变化对审计市场的冲击，中国注册会计师协会（以下简称"中注协"）曾多次约谈会计师事务所令其关注审计师的执业风险问题。本书的研究从审计师视角印证了我国上市公司确实存在语调操纵行为，且这种借助异常积极语调来掩盖公司经营方面不确定性的文本操纵行为很有可能导致审计风险上升。本书研究结论表明，在审计过程中审计师会关注到这种语调操纵行为，并识别出其背后潜在的经营风险问题，通过增加审计投入来将审计风险降低至可接受的低水平，审计投入的增加会导致审计师收取更高的审计费用。

第五章
弱关系嵌入对年报文本信息
策略性披露的影响研究

第一节 问题的引入

嵌入性理论认为，市场参与者嵌入其所在的关系网络中，会受制于网络关系差异而传递出不同质量的信息。一部分学者认为，网络主体之间建立强关系能够促进信任与沟通，有助于提高信息传递效率，但信息的同质化较高（Larson and Starr，1993）。另一部分学者则提出，弱关系嵌入下网络主体间虽然并没有达到彼此熟悉的程度，传递信息的效率不高，但信息的异质性较高（Mcevily and Zaheer，1999）。格兰诺维特（Granovetter，1973）最早将网络关系划分为强关系和弱关系，并提出弱关系更适合解释契约签订初期的网络关系，而强关系更适合解释长期、稳定的契约关系，之后的学者对这一理论尽管存在分歧，但大多认同格兰诺维特（1973）对网络关系的界定以及不同强度网络关系会影响信息传递的这些观点。基于此，关系嵌入为研究市场参与者的信息披露行为提供了一个全新视角，与委托代理理论、信息不对称理论一起，成为解释众多经济学、管理学现象的重要基础理论。然而，与西方强调理性因素不同，中国是一个"熟人社会"（Fei，1948），异质性信息的分享与传递更依赖于网络主体的关系远近，嵌入性理论在应用于我国的情境中时却出现一些无法解释的现象：例如，熟人之间往往无话不谈，易流露真情实意，但和不熟悉的人交流则较为警觉，所传递的信息多是重复和冗余的"场面话"，这种现象与传统弱关系具有异质性信息优势的观点相背离，被称为"弱关系嵌入性悖论"。但遗憾的是，时至今日，有关中国情境中弱关系嵌入的研究多停留在公司内部的信息传递层面，而鲜有关于市场监管者与上市公司之间的弱关系如何影响管理层的年报文本信息披露行为的研究。

已有研究发现，除财务数字信息外，年报文本信息也能成为管理者自利的工具，特别是在资本市场相对缺乏形式质量准则规范的情况下，管理层有目的地进行文本信息管理已成为一种隐蔽且"经济"的策略性披露手段，严重误导了信息使用者的决策判断（Li，2008；Bloomfield，2008；You and Zhang，

2009；Lehavy et al.，2009）。此后，越来越多的学者开始注意到这种策略性披露行为会恶化企业与外界的信息环境（Lo et al.，2017；Bushee et al.，2018），降低价格有效性（Lee，2012），甚至波及资本市场稳定（Loughran and McDonald，2014）。相比国外的研究成果，基于中文语境的年报文本分析尚处于探索性阶段，近年仅有几篇文献选取可读性、语调等视角考察文本信息策略性披露的动机及其经济后果（王克敏等，2018；曾庆生等，2018），鲜有涉及文本相似度层面。

文本相似度的研究之所以重要主要是因为：第一，文本相似度策略性披露的背后有较深的"关系"文化根源。在我国古代，无论是改朝换代，还是权臣交替，"萧规曹随"的策略都会被当权者所采纳，以化解因顶层变更产生的不稳定。在人际交往中，中国人与"圈外人"的交往原则往往强调"不说不错，多说多错"，即通过减少异质性信息的传递达到规避风险的目的。具体到财务领域，文本相似度可以反映出企业年报披露增量信息的多寡，若文本信息披露过于样板化，则会降低信息含量，弱化使用者的风险感知。布朗和塔克（Brown and Tucker，2011）、李（2017）的研究均表明，高相似度的文本有助于规避经济活动不确定性引发的风险问题。第二，相比于可读性、语调等其他文本特征，文本相似度操纵面临的法律风险相对较小。世界各国对文本信息披露的监管更强调可读性和语调的规范。例如，美国证券交易委员会（SEC）在 1998 年颁布的 *Rule* 421（*d*）和 *A Plain English Handbook* 中强制要求，上市公司在撰写财务披露文件时遵照"简明写作原则"，以让"最不精明"（least-sophisticated）的投资者读懂；2015 年，我国证监会颁布的《公开发行证券的公司信息披露内容与格式准则第 28 号——创业板公司招股说明书》（2015 年修订）规定，"招股说明书应便于投资者阅读，做到浅显易懂、简明扼要、逻辑清晰，具有可读性和可理解性"，"不得有祝贺性、广告性、恭维性或诋毁性的词句"。可是，文本相似度问题还没有引起相关部门的重视，这很可能导致管理层将文本信息操纵的重心转向相似度。因此，深入探究相似度披露的影响因素对于促进我国资本市场的健康发展具有重要的实践意义。

在审计实践中，事务所变更为本书考察弱关系嵌入下上市公司年报文本披露策略的选择提供了一个有趣的研究设置。首先，"关系"在经济活动中扮演着重要作用，审计活动也概莫能外，审计师与客户之间的关系不仅影响管理层的年报信息披露决策，而且会导致后续因审计意见而引发的一系列市场反应。特别是在我国审计市场行业集中度较低、业务竞争异常激烈的情况下，能否和客户维持良好的关系直接关系着事务所的生存与发展。事务所变更意味着一段全新弱关系的开启和原有强关系的终止。同时，近期学术研究表明，新任事务所与被审单位之间亲密关系的建立并非一朝一夕，且很难在变更后的第一年就形成（Chen et al.，2009），会计师事务所的变化势必会引起审计关系的变化与重构（谢盛纹和闫焕民，2012），那么，继任会计师事务所及注册会计师与公司管理层之间建立的初始审计关系会影响管理层对文本相似度进行策略性披露吗？其次，从理论上讲，现有关于事务所变更是否影响年报信息披露质量的问题存在两种对立的观点。治理观认为，事务所定期轮换制的推行旨在阻隔被审单位与前任事务所之间的密切关系以强化独立性，进而通过审计质量的提升保证更高的会计信息质量（马晨等，2014）；合谋观则认为，由于客户具备强烈的动机对事务所进行资产专用性投资（薛爽等，2013），因而变更事务所并不会导致更高的会计信息质量。以上两种观点尚未达成一致。本书拟从年报文本信息视角为澄清上述争议提供一种可能的解释。

综合上述分析，本书将 2008～2017 年上海证券交易所和深圳证券交易所（以下简称"沪深两市"）A 股上市公司作为研究样本，采用 MD&A 余弦相似度研究事务所变更下管理层为规避风险会采取何种文本相似度披露策略。本书主要的实证发现：事务所变更与年报文本相似度正相关，支持了"信息操纵假说"，且该结论经过内生性检验、排除替代性解释、替换关键变量等一系列稳健性检验后依然成立。因此，本书的实证结果印证了在事务所变更期间，企业为规避风险会采取保守的文本相似度披露策略，即加大年报的模板化内容，减少特质性信息，从而增加文本相似度。进一步检验发现，上述检验结果主要存在于由审计质量较高事务所向审计质量较差事务所变更、同行业竞争压力更大以及审计合谋可能性更高的样本中。最后，经济后果检验发现，事务所变更产生的文本相似度策略性披露行为会加重信息不对称，降低公司价值。

概括而言，本书有如下贡献：第一，本书发现在事务所变更期间管理层出于风险规避会采取保守的文本相似度披露策略，丰富和拓展了年报文本策略性披露影响因素的文献。已有文献在考察哪些因素导致管理层进行年报文本信息策略性披露时多基于业绩压力、薪酬压力与资本市场压力等视角（Li，2008；王克敏等，2018；曾庆生等，2018），而鲜有从事务所与客户关系入手进行研究。同时，本书揭示了事务所变更与文本策略性披露交互作用对企业价值的影响，有助于深入揭示文本策略性披露的经济后果。第二，当前关于不确定环境中决策者如何选择风险规避策略的研究多聚焦于管理层的盈余管理行为与择时披露（LaFond and Watts，2008；申慧慧，2010）、分析师的盈余准确性（Hugon et al.，2016；陈胜蓝和李占婷，2017）等定量信息视角，而基于文本信息的研究并不多。本书在已有文献基础上，拟从文本相似度入手，丰富与拓展了管理层风险规避与财务决策这一个文献研究领域。第三，以往研究对事务所变更的经济后果存在分歧，尚未达成一致意见。一种观点认为，事务所变更会促进继任审计师更加谨慎的实施审计程序，有助于提升年报信息有用性（Krishnan and Stephens，1996）；另一种观点则认为，事务所和管理层存在合谋的可能，继而降低了会计信息质量（伍利娜等，2013）。因此，本书的研究有助于澄清有关事务所变更的理论争议，并为监管部门进一步规范审计市场提供理论依据和政策参考。

第二节　理论分析与研究假设

随着安然和世通事件的爆发，美国于 2002 年 7 月通过《萨班斯法案》，明确规定注册会计师事务所不得为同一公司连续服务超过 5 年，即施行 5 年强制轮换制。这一举措有效缓解了由于审计师任期过长导致的合谋舞弊问题。与此同时，审计师在离开会计师事务所时需要签订竞业禁止协议，以防止审计师在离职时将审计客户带走。与西方资本市场不同的是，在我国，2001 年的"银广夏"事件使得监管层开始注意该如何有效保障审计质量的问题，并于 2002 年 6 月颁布《中国注册会计师职业道德规范指导意见》，要求上市公司应定期轮换审计项目负责人和签字注册会计师，但并未对轮换的最低期限做出明确规定。同时，在我国的审计市场中，缺乏严格的竞业禁止协议，这使得客户成为审计师的个人资源，出现了大量换"所"不换"师"的现象，而这往往会导致审计师出于"人情关系"丧失其独立性，降低审计质量。此外，西方国家对于审计的违规处罚较为严格，美国证券交易委员在 2016 年 10 月、12 月以及 2017 年 8 月就安永、德勤以及毕马威未履行规定的程序及出具重大虚假审计报告，分别开出了 1 180 万美元、800 万美元和 620 万美元的罚单。相比之下，我国对于审计监管的处罚力度相对较弱，这也导致上市公司和审计师铤而走险进行违规舞弊行为。[①]

除此之外，在关注过长审计任期有可能导致公司与审计师合谋问题的同时，也应注意到过于频繁的会计师事务所变更也可能会导致继任者难以在短时间内有效发现公司潜在的风险，或是上市公司通过审计师更换实现审计意见购买等问题。据中注协统计，在 2017 年披露年报的 3 505 家上市公司中，有 224 家变更了原有的会计师事务所，占全部上市公司的 7.14%，变更的数量和比例较 2016 年均有所下降。然而，在变更年报审计机构的 224 家上市公司中，被出具非无保留意见审计报告的上市公司有 10 家，占比为 4.46%，显著高于全部上市公司中被出具非无保留意见审计报告比例的 1.15%。因此，为防范频繁变更审计师所导致的审计质量问题，2019 年 2 月，中注协以"频繁变更事务所与审计风险"为主题对一些会计师事务所进行约谈，提示其防范变更事务所的上市公司存在年报审计风险，要求严格执行承接程序，强化项目质量控制提高审计质量。[②]

会计师事务所是财务报告质量的重要监督和鉴证机构，上市公司变更事务所无疑会对公司的财务报告质量产生重要影响。因此，众多学者就变更审计师所导致的财务报告信息质量问题进行研究。一种观点认为，变更会计师事务所是掩盖自身财务困境、进行审计意见购买的一个重要途径（Defond，1998），与原有审计师相比，继任的审计师存在较大的信息不对称问题，难以发现公司存在的潜在财务风险，导致公司存在更大的财务错报风险，影响公司的信息披露质量（Mansi et al.，2004；Staley et al.，2007）。伍利娜等（2013）指出企业集团会通过变更事务所实现审计意见改善，且首次审计该集团业务的审计师更容易被收买。尤其当公司向下变更会计师事务所时会增加公司的谈判能力，助长管理层进行盈余操纵和有选择性披露信息的行为（邓川等，2007；张建勇，2014）。刘伟和刘星（2007）及田野等（2011）指出，管理层为了进行盈余操纵掩盖财务困境，会通过变更审计师实现审计意见购买，进而导致公司的财务报告信息质量降低。耀友福等（2017）进一步研究发现，管理层会借助会计师事

---

① 《开放编年史|2001：2001 年的银广夏》，载于《经济观察报》2018 年 6 月 27 日。
② 中国注册会计师协会网站，http://www.cicpa.org.cn/。

务所变更，隐瞒负面消息，降低财务信息质量，从而导致更大的股价崩盘风险，且这一负相关性在频繁变更会计师事务所的上市公司中更显著。此外，中国是一个人情社会，当上市公司换"所"不换"师"时，签字注册会计师可能因为"人情关系"接受客户的违规要求，甚至进行合谋，导致审计质量下降，进而影响资本市场上的信息质量，以及整个市场的资源配置（谢盛纹和闫焕民，2013）。另一种观点则认为，变更会计师事务所并不会降低财务报告质量，继任者出于声誉和避免因失败审计受惩罚的考虑，在出具审计意见时更加谨慎，更有可能出具真实的审计报告意见（Krishnan and Stephens，1996），从而有效提高财务报告信息质量。陈杰平等（2005）指出事务所变更后，异常审计费用的提高并不能对审计师进行收买。当公司存在较大的财务风险时，继任的审计师可能会更加谨慎以避免被处罚，可以有效提高公司财务报告的真实性（王春飞，2006）。进一步地，有学者研究发现，公司会通过变更为高质量的审计师向市场传递利好消息，同时履行更完整的审计程序，从而有效提高财务报告质量（Datar et al.，1991）。

随着计算机文本分析和数据处理的广泛运用，学者们对于公司财务报告的关注不再局限于数字的定量分析，逐渐开始对文本内容中的信息含量进行探讨。作为公开披露的非财务信息，文本信息能够提供其他财务信息无法提供的、与未来相关的前瞻性和预测性信息，会对使用者的行为决策产生重要影响。然而，管理层是否会通过年报文本向市场传递真实的信息呢？有些学者认为，年报文本信息传递了公司真实的运营状况和潜在的风险。例如，布朗和塔克（2011）的研究表明，当经济发生较大变化时，管理层讨论与分析的相似度越低，因为管理层需要对公司的变化作出详细的解释，说明管理层讨论与分析真实地反映了公司的运营状况，具有较高的信息含量。桑杜列斯库（2015）将管理层讨论和分析文本语调与其内部人后续交易行为进行对比，发现当管理层讨论与分析文本语调越积极时，内部人认购的股票数越多，由此表明文本语调能够提供一定的增量信息。孟庆斌等（2017）从信息含量的角度进行分析发现，当管理层讨论与分析（MD&A）的信息含量越高时，公司股价崩盘风险越低。

然而，也有学者认为管理层会实现自身利益最大化，对文本内容进行操纵，误导信息使用者。黄（2014）指出，对年报文本信息进行操纵已经成为公司当权者侵害其他投资者利益的途径之一，且相较于定量信息操纵，文本信息操纵的隐蔽性更强，投资者会在潜意识中受到影响而难以察觉。王克敏等（2018）研究发现，管理层为了实现自身利益最大化会通过增强年报的复杂度进行策略性披露，当公司业绩越差时，年报复杂度越高，且上述关系在内、外部监督环境弱的公司中更显著。李（2008）同样发现，盈利较低的公司和盈利较好但持续时间较短的公司年报的复杂度越高，管理者会通过操纵文本信息复杂度，隐藏公司的坏消息。同时，管理层也可能借助积极语调来刻意隐藏坏消息（Larrker and Zakolyukina，2012）。布罗克曼等（2013）和曾庆生等（2018）从内部交易人行为的角度进行研究发现，管理层积极语调与其内部人减持行为显著正相关，表明文本语调已成为内部人管理操纵信息的一个重要手段。此外，有学者进一步研究发现，当公司盈余操纵水平越高时，公司文本的复杂读越高、语调越积极，表明管理层会借助文本信息复杂度及语调来掩盖其盈余操纵行为（Lo et al.，2017；朱朝晖等，2018；王华杰和王克敏，2018）。

综上文献不难发现，文本信息会对投资者的决策行为产生重要影响，而管理层有可能通过文本操纵影响公司信息，误导投资者（Huang，2014）。然而，现有关于会计师事务所变更的文献主要从可操纵性应计利润、股价崩盘等定量的角度探讨会计师事务所变更所导致的经济后果，而忽略了管理层可能采用更为隐蔽的文本操纵方式，在文本语言上对投资者的影响。实际上，相比于标准化的财务数字信息，非标准化的文本信息在公司对外披露的信息中所占比重更大，可以更形象地传递出公司的运营状况及未来潜在的风险，并且其通常具有财务数字信息难以体现的丰富内涵（Hall，1976）。因此，本书从财务报告文本的角度探讨会计师事务所变更的影响具有重要意义。

财务报告中披露的信息是上市公司和会计师事务所共同作用的结果（Kim et al.，2003）。管理层履行年报信息的撰写与披露职能，审计师对被审单位的年报信息履行鉴证职能。管理层与审计师的关系会影响审计质量，进而影响披露的会计信息质量。可是，长期由同一家事务所执行某项鉴证业务可能会形成亲密关系，对审计的独立性产生不利影响。为此，世界各经济体通常在市场中建立会计师事务所定期轮换制来防范这种业务风险。事务所变更是指上市公司在前后两个会计年度聘请两家实质不同的会计师事务所对其年度报表进行审计的行为（张睿等，2018）。我国注册会计师协会等机构的设立以及《会计师事务所质量控制准则》《中国注册会计师职业道德守则》的颁布都是为了更好地对事务所与被审单位之间密切关系进行监督，以提高会计信息的可靠性，促进资本市场的有效运转。近年来，我国监管机构对信息披露监管的力度逐渐加大。2017年，党的十九大报告将"防范化解重大风险"和"全力维护资本市场稳定运行"作为重大攻坚战。中注协在此期间多次约谈频繁变更事务所的合伙人，并关注到了变更事务所背后可能存在一定的审计风险问题。因此，事务所变更会对会计信息披露产生重要影响，但是既有文献鲜有从事务所—客户关系视角考察事务所变更对年报文本信息披露行为的影响。

文本相似度衡量的是年报文本之间的相似程度，相似度越高表明文本的模块化内容越多，提供的异质性信息越低，信息有用性越低（王雄元等，2018）。已有研究发现，由于文本信息属于自愿披露的内容，管理层的自由裁量权较高，且未来的法律风险较低，因而相似的"文本"很可能是管理层"有意为之"。此后，大量学者对这种策略性披露的驱动因素展开研究发现，隐藏坏消息是管理层进行文本相似度操纵的重要动机之一（Merkley，2014），其理论依据是布卢姆菲尔德（2002）提出的"不完全反映假说"（incomplete revelation hypothesis），即信息的处理成本直接决定了信息使用者的解读能力，文本之间存在大量重复的信息会降低可比性，导致投资者难以从中挖掘出关键的信息，加剧信息不对称程度。

然而，上述文献关注的都是英语语言的分析师报告对西方成熟资本市场的影响，其结论在中文语境以及在新兴资本市场上的适用性尚未可知；且它们都未曾对历史语句和前瞻性语句进行区分，因而无法揭示分析师报告文本中真正具有市场影响力的内容。

关系嵌入理论为研究上述问题提供了一个重要角度。在市场监管制度尚不完善的情况下，非正式制度会对公司的财务决策起到重要影响，而在众多的非正式制度中，为人处世的"关系"原则在我国就是一种典型的非正式制度。正所谓"来而不往非礼也"，大量本土心理学研究发现，良好关系的形成并不是一蹴而就，不仅需要一段长期的积累过程，还要求提供一定的回报作为支持，包括工具性回报，如奖励、晋升（Zhang and Yang，1998），以及非工具性回报，如良好沟通与互动、情感上支持与鼓励、照顾（Zhou and Martocchio，2001）。通常，对于"圈内人"，中国人会给予更多的信任与相信，而"圈外人"往往被视为"非我族类"，交往过程中会产生较为强烈的焦虑情绪和不确定性。传播学理论指出，传播者关系较为熟悉意味着心理距离的紧密程度较高，此时传播者对欺骗的戒心便会大为降低（李特约翰，2004）。社会心理学中的不确定性消减理论（uncertainty reduction theory）常使用自我意识来解释关系对信息传播的影响，认为人类的自我意识可分为主观性自我意识与客观性自我意识，并因所处环境的不同而表现出不同的信息管理策略：当处于不熟悉的环境中，客观性自我意识表现出强烈的自我控制倾向，人们非常在意别人对自己的看法，在沟通中尽量管住嘴、小心翼翼，千方百计地减少有用信息，因为有用信息的传播可能导致消极的预期；反之，在熟悉的环境下，通常表现出主观性自我意识，人们不太关注自己给别人造成的印象，并希望提供更多有价值的信息来让对方了解自己，即自我信息的透露。以上基于社会学、传播学和心理学的理论表明，人们身处在不熟悉的网络关系中披露更多的特质性信息会面临更高的风险，因而在弱关系下，信息传递方的风险规避意识会明显上升，进而导致其选择较为保守的信息披露策略。

实际上，审计业务中事务所与客户的关系也不例外。事务所变更意味着原事务所与被审单位之间强关系的瓦解，弱关系嵌入会导致新的事务所与被审单位关系出现不确定性，双方需要经历一段相当长的时间去了解、沟通与协调，才能形成亲密的强关系，可以预见这种关系的不确定性在变更后的第一个审计业务期间表现得最为突出。既然事务所变更会导致事务所—客户弱关系的产生，那么，在此情景下管理层会对年报文本相似度披露做出怎样的选择呢？

风险规避是弱关系嵌入下决策者做出的一种常见选择，指的是当身处不确定性的情景中，人们面对风险的首要反应是选择规避，且这种反应会折射到后续的决策之中，即决策者为进行风险对冲很可能作出保守的应对策略，被学界称为"保守主义假说"（Bernheim et al.，2003；张冀等，2016）。同时，基于财务学的研究发现，风险规避策略的运用可体现在财务政策、信息披露和人事任免等各个方面，如当预期到重大不确定性事件时，企业会通过增加现金持有、削减研发支出、降低投融资行为等举措进行避险（Gulen and Ion，2016；Bhattacharya et al.，2017；王红建等，2014），或充分利用盈余数字、择时披露等信息披露策略来应对市场行情下滑（LaFond and Watts，2008；饶育蕾等，2012；徐高彦等，2017），或通过减少高管变更或重视内部提拔等人力资源政策稳定"军心"（饶品贵和徐子慧，2017）。

具体到信息披露层面，增加文本信息的相似度对于管理层来说很可能就是一种理想的风险规避策略。已有研究表明，降低年报使用者信息解读能力可以达到掩盖坏消息的目的，信息的解读成本影响着资产价格反映信息的程度，信息使用者提取公开信息的成本越高，市场价格就越难揭示这部分信息（Bloomfield，2002），因而在身处较高不确定性的情境下，管理层具有强烈动机模糊化阅读者对文本信息的解读，以影响市场对个人能力和公司前景的判断（Kothari et al.，2009），继而达到保守披露的目的。同时，相对于数字信息操纵，文本信息相似度操纵不易被监管部门察觉，其操纵的隐蔽性更强，法律风险、操纵成本更低。因此，基于管理层视角考虑，为规避事务所变更中审计师—客户弱关系产生的风险，管理层在撰写年报时会更倾向于选择较为保守的信息披露策略，即减少年报中的异质性信息披露，增加模块化信息。

另外，事务所变更会提高文本相似度的一个重要前提是，被审单位的文本相似度操纵不会增加审计师的执业风险。传统的"深口袋"理论认为，审计师被雇用来对财务报表的公允表达进行揭弊查错，而被审单位则通过审计费用的支付，将风险转嫁给审计师，若审计师没有察觉报表的不实披露，则可能面临较高的执业风险，因而报表信息操纵越高的企业，审计师预计可能存在的执业风险，往往会采取更加谨慎的方式进行审计。但值得注意的是，一方面，相比于管理层对年报"四表一注"的信息操纵来说，审计师对年报文本操纵的执业风险并不敏感，这与审计师对"其他信息"承担较弱的审计责任有关。审计准则规定，审计证据主要涵盖年报中的"四表一注"和"其他信息"这两大来源，但审计师对这两大信息承担的执业责任完全不同，对于"四表一注"信息，审计师需要执行严格的审计程序以确保财务报表不存在重大错报风险，但对于"其他信息"，《中国注册会计师审计准则第1521号——注册会计师对其他信息的责任》规定，只有在"其他信息"出现重大不一致时，审计师才应该保持足够的警惕。从这个意义上讲，审计师不会将更多的审计资源投入与文本信息有关的"其他信息"上。另一方面，与西方审计市场不同，我国审计市场拥有较高的市场集中度和更为激烈的市场竞争，特别是在事务所变更期间，在不增加审计风险的前提下尽可能地增进与客户的关系就显得尤为重要（薛爽等，2013；陈胜蓝和马慧，2015），已有大量研究发现，在事务所变更当年经审计后的年报并没有表现为更高的会计信息质量（Su and Wu，2016；张睿等，2018）。因此，考虑到文本信息相对较小的审计责任以及我国的市场环境，审计师会在很大程度上消减对文本信息相似度的应有关注。据此本书推测，会计师事务所变更可能增加上市公司年报相似度，故提出以下假设：

H3：其他条件一定的情况下，会计师事务所变更会提高上市公司年报相似度。

第三节　样本选择与模型设定

一、样本选取与数据来源

本书以 2008～2017 年为样本区间，选取沪深两市 A 股上市公司为初始样本。然后，剔除金融类、ST、*ST 企业以及变量缺失的样本，最终得到 10 年 14 133 条观测值。研究所需的上市公司年度报告来自巨潮资讯网，其中"管理层讨论与分析"（MD&A）在 2014 年及之前属于"董事会报告"或"董事会工作报告"章节，而在 2015 年及之后独立放在"经营情况讨论与分析"章节，本书通过人工阅读的方式，确定了"管理层讨论与分析"的定位规律，并采用机器识别来截取这部分文本作为文档集。相似度指标的构建过程如下：（1）对 MD&A 文档集进行分词和清洗，生成词向量；（2）使用文档主题生成 LDA 模型（Latent Dirichlet Allocation），将词向量转化为文本向量；（3）捕获文本语义层面的信息，统计上市公司前后两年年报文本的余弦相似度。本书采用的公司财务及企业特征数据来自国泰安数据库，事务所变更数据来自迪博数据库。为消除极端值影响，本书对除虚拟变量外的所有连续变量进行了 1% 上下的 winsorize 处理。

二、变量定义与模型构建

为检验会计师事务所变更对年报相似度的影响，参照弗朗西斯等（Francis

et al. ，2014）、海纳什和海纳什（Hoitash and Hoitash，2018）的方法，本书构建了回归模型（5.1）。若 Switch 的相关系数 β_1 显著为正，则证明事务所变更增加了年报相似度，若 Switch 的相关系数 β_1 显著为负，则证明事务所变更降低了年报相似度。

$$Similarity = \beta_0 + \beta_1 Switch + \beta_2 Controls + Year + Industry + FE + \varepsilon \quad (5.1)$$

回归模型（5.1）中各变量定义如下：

（1）因变量。Similarity 为年报相似度，参照布朗和塔克（2011）、王雄元等（2018）的方法，本书采用 Python 与 LDA 相结合的自然语言处理技术来计算年报文本相似度，使用在当前文本分析领域运用最广泛的余弦函数度量相似度。考虑到年报的撰写需要参照《公开发行证券的公司信息披露内容与格式准则第2号——年度报告的内容与格式》，可能导致部分章节内容高度模板化，管理层讨论与分析（MD&A）既是管理层对公司过去经营状况的评价和对未来发展趋势的前瞻性判断，也是对企业财务报表中所描述的财务状况和经营成果的解释，具有一定的主观化披露特点，是计算年报文本相似度较为理想的语料库（Brown and Tucker，2011），故本书以上市公司前后两年管理层讨论与分析部分的余弦相似度作为年报相似度的代理变量，其数值越大，表示文本之间的相似程度越高。

（2）自变量。Switch 为会计师事务所变更，参照薛爽等（2013）、马晨等（2014）的研究，本书设定虚拟变量，如果上市公司变更会计师事务所，Switch 取值为1，否则为0。

（3）控制变量。借鉴约翰斯顿和张（Johnston and Zhang，2018）的研究，本书在回归模型中控制了如下变量：①公司特征变量，主要包括公司规模 Size（上市公司总资产的自然对数）、负债比率 Lev（总负债除以总资产）、盈利能力 ROA（净利润除以总资产）、账市比 BM（上市公司市值与股东权益账面价值之比）；②公司治理变量代理成本 Agency（管理费用除以营业收入）、股权集中度 SH（第一大股东持股占总股本的比例）、产权性质 SOE（如果上市公司为国有企业，取值为1，否则为0）、两职合一 DUAL（如果董事长和总经理由同一人担任，取值为1，否则为0）；③外审特征变量，主要包括事务所品牌 Big4（如果事务所为国际"四大"，取值为1，否则为0）、审计时滞 Lag（资产负债表日至审计报告日间隔天数的自然对数）、审计费用 AuditFee（财务报表审计费用的自然对数）、审计意见 MAO（如果审计意见为非标审计意见，取值为 1，否则为 0）；④文本特征变量，主要包括 MD&A 文本长度 Length（年报管理层讨论与分析的总字数，取自然对数）。为缓解遗漏变量问题，本书在回归模型中控制了个体固定效应（FE），用来捕捉不随时间变化的个体之间的差异。此外，模型中还控制了年度固定效应（Year）和行业固定效应（Industry）。具体变量定义参见表 5 - 1。

表 5 -1 变量定义

变量名称	变量符号	变量定义
年报相似度	Similarity	参照布朗和塔克（2011）、王雄元等（2018）的方法，以上市公司前后两年年报中管理层讨论与分析部分的余弦相似度作为代理变量
事务所变更	Switch	虚拟变量，如果上市公司变更会计师事务所，取值为 1，否则为 0
公司规模	Size	上市公司总资产的自然对数
负债比率	Lev	总负债除以总资产
代理成本	Agency	管理费用率，管理费用除以营业收入
盈利能力	ROA	净利润除以总资产
账市比	BM	上市公司市值与股东权益账面价值之比
股权集中度	SH	第一大股东持股占总股本的比例
产权性质	SOE	虚拟变量，如果上市公司为国有企业，取值为 1，否则为 0
两职合一	DUAL	虚拟变量，如果董事长和总经理由同一人担任，取值为 1，否则为 0
事务所品牌	Big4	虚拟变量，如果事务所为国际"四大"，取值为 1，否则为 0
审计时滞	Lag	资产负债表日至审计报告日间隔天数的自然对数
审计费用	AuditFee	财务报表审计费用的自然对数
MD&A 文本长度	Length	管理层讨论与分析的总字数，取自然对数
审计意见	MAO	虚拟变量，如果审计意见为非标审计意见，取值为 1，否则为 0
经济政策不确定性	EPU	参照古伦和扬（2015）的方法，以斯坦福大学和芝加哥大学发布的中国经济政策不确定性指数作为代理变量

续表

变量名称	变量符号	变量定义
行业竞争度	HHI	以企业的营业收入为基准计算的赫芬达尔指数
信息不对称	IA	以分析师关注度作为代理变量，即对上市公司做出盈利预测的证券分析师人数
公司价值的变化	ΔQ	上市公司托宾 Q 值的变化
审计费用溢价	Premium	虚拟变量，如果审计费用高于同年度、同行业的上四分位数时，取值为 1，否则为 0
年报可读性	Readability	从汉字、句子与年报文件的复杂度三个层面，采用主成分分析法构建年报文本信息的可读性
年报语调	Tone	积极词汇数与消极词汇数之差除以积极词汇数与消极词汇数之和
年度虚拟变量	Year	控制年度
行业虚拟变量	Industry	控制行业，依据 2012 年《上市公司行业分类指引》，剔除金融业（J）后，最终得到 18 个行业

第四节　实证结果与分析

一、描述性统计与相关性检验

表 5-2 列示了主要变量的描述性统计结果。从表中可知，2008~2017 年 A 股上市公司样本的年报相似度（Similarity）均值为 0.346，中位数为 0.295，最小值为 0.043，最大值为 0.970，表明从整体上看不同企业间年报相似度存在较大差异。其中，最小值为 0.043，表明部分企业前后两年披露的年报文本完全不一致，这说明年报文本提供的增量信息含量较高；最大值为 0.970，表明部分企业前后两年披露的年报文本高度相似，说明前后两年几乎未提供任何增量信息。

会计师事务所变更（Switch）的均值为 0.282，表明 28.2% 的企业变更了会计师事务所。产权性质（SOE）的均值等于 0.486，表明样本上市公司中有 48.6% 的国有企业；两职合一（DUAL）的均值等于 0.773，表明样本中有 77.3% 的 CEO 兼任董事长，反映出两职合一现象在我国资本市场较为普遍；事务所品牌（Big4）的均值等于 0.051，表明超过 5% 的上市公司聘请国际"四大"实施年报审计，这与我国审计市场国际"四大"集中度较低的现实背景相吻合；审计意见（MAO）的均值等于 0.963，揭示出有 96.3% 的审计报告获得了非标审计意见。

表 5 - 2　　　　　　　　　　主要变量的描述性统计

变量	样本量	标准差	均值	最小值	25%分位数	中位数	75%分位数	最大值
Similarity	14 133	0.183	0.346	0.043	0.215	0.295	0.443	0.970
Switch	14 133	0.450	0.282	0	0	0	1	1
Size	14 133	1.274	21.964	18.367	21.077	21.825	22.695	26.326
Lev	14 133	0.235	0.455	0.033	0.276	0.448	0.615	1.843
Agency	14 133	0.145	0.111	0.007	0.049	0.082	0.125	1.678
ROA	14 133	0.064	0.037	-0.398	0.013	0.036	0.065	0.298
BM	14 133	0.953	0.927	0.055	0.358	0.615	1.110	6.280
SH	14 133	15.686	56.938	17.912	45.758	57.793	68.947	92.030
SOE	14 133	0.500	0.486	0	0	0	1	1
DUAL	14 133	0.419	0.773	0	1	1	1	1
Big4	14 133	0.219	0.051	0	0	0	0	1
Lag	14 133	0.264	4.492	3.178	4.394	4.511	4.700	4.779
AuditFee	14 133	0.000	0.000	0.000	0.000	0.000	0.000	0.004
Length	14 133	0.628	9.010	5.204	8.734	9.044	9.348	10.593
MAO	14 133	0.189	0.963	0	1	1	1	1

为进一步展示年报相似度的行业分布情况，表 5 - 3 列示了全部 18 个行业（除金融行业外）的年报相似度分行业统计结果。我们发现，年报相似度均值

最高的三个行业依次是教育业（均值＝0.362）、房地产业（均值＝0.360）和制造业（均值＝0.352），而年报相似度均值最低的三个行业依次是居民服务、修理和其他服务业（均值＝0.299），电力、热力、燃气及水和生产和供应业（均值＝0.310）以及住宿和餐饮业（均值＝0.310）。

表5－3　　　　　　　　　　**年报相似度分行业统计**

行业名称	代码	样本量	占比（％）	年报相似度均值	年报相似度中位数
农、林、牧、渔业	A	246	1.74	0.327	0.283
采矿业	B	336	2.38	0.319	0.264
制造业	C	9 028	63.88	0.352	0.301
电力、热力、燃气及水和生产和供应业	D	483	3.42	0.310	0.256
建筑业	E	346	2.45	0.348	0.303
批发和零售业	F	842	5.96	0.345	0.284
交通运输、仓储和邮政业	G	488	3.45	0.321	0.270
住宿和餐饮业	H	62	0.44	0.310	0.265
信息传输、软件和信息技术服务业	I	767	5.43	0.334	0.292
房地产业	K	769	5.44	0.360	0.307
租赁和商务服务业	L	160	1.13	0.341	0.290
科学研究和技术服务业	M	76	0.54	0.336	0.278
水利、环境和公共设施管理业	N	122	0.86	0.331	0.298
居民服务、修理和其他服务业	O	19	0.13	0.299	0.241
教育业	P	7	0.05	0.362	0.298
卫生和社会工作业	Q	24	0.17	0.306	0.292
文化、体育和娱乐业	R	127	0.90	0.338	0.277
综合业	S	231	1.63	0.332	0.291
总和		14 133	100		

　　表5－4的变量相关性检验显示：会计师事务所变更（Switch）与年报相似度（Similarity）的 Pearson 相关系数在1%水平上显著正相关，初步验证了变更

会计师事务所的企业，其年报相似度越高。代理成本（Agency）、股权集中度（SH）、审计时滞（Lag）、审计费用（AuditFee）与年报相似度（Similarity）的相关系数显著为正，表明代理成本越大、股权集中度越高、审计时滞越严重、审计费用越高的企业越倾向于披露相似度较高的年报，而公司规模（Size）、负债比率（Lev）、盈利能力（ROA）、账市比（BM）、产权性质（SOE）、两职合一（Duality）、事务所品牌（Big4）、MD&A 文本长度（Length）与年报相似度（Similarity）的相关系数显著为负，这说明对于资产规模越大、财务杠杆越高、盈利表现越好、成长性越高、公司最终控制人为国有属性、两职合一程度越高、聘请四大事务所审计、MD&A 文本长度越长的公司，其年报文本相似度越高。另外，回归模型中主要变量的相关系数均处于较低水平，表明各变量间不存在明显的多重共线性。

表 5 - 4 　　　　　　　主要变量的 Pearson 相关系数

变量	Similarity	Switch	Size	Lev	Agency	ROA	BM
Similarity	1						
Switch	0.193***	1					
Size	-0.058***	-0.065***	1				
Lev	-0.024***	0.034***	0.325***	1			
Agency	0.016*	-0.009	-0.309***	-0.032***	1		
ROA	-0.021**	-0.007	0.057***	-0.390***	-0.177***	1	
BM	-0.014*	0.079***	0.574***	0.481***	-0.205***	-0.193***	1
SH	0.036***	0.010	0.187***	-0.146***	-0.135***	0.219***	0.013
SOE	-0.059***	0.051***	0.284***	0.252***	-0.107***	-0.090***	0.290***
DUAL	-0.026***	0.028***	0.153***	0.133***	-0.065***	-0.030***	0.142***
Big4	-0.027***	-0.023***	0.301***	0.069***	-0.052***	0.037***	0.143***
Lag	0.018**	-0.032***	0.058***	0.013	0.033***	-0.134***	0.054***
AuditFee	0.045***	0.029***	-0.650***	-0.011	0.429***	-0.138***	-0.323***
Length	-0.182***	0.038***	0.056***	-0.098***	-0.047***	0.085***	-0.002
MAO	-0.006	-0.036***	0.171***	-0.281***	-0.302***	0.314***	0.040***

变量	SH	SOE	DUAL	Big4	Lag	AuditFee	Length
SH	1						
SOE	− 0. 028 ***	1					
DUAL	− 0. 035 ***	0. 275 ***	1				
Big4	0. 142 ***	0. 132 ***	0. 049 ***	1			
Lag	− 0. 021 **	− 0. 060 ***	− 0. 042 ***	− 0. 021 **	1		
AuditFee	− 0. 132 ***	− 0. 200 ***	− 0. 116 ***	− 0. 076 ***	− 0. 003	1	
Length	0. 129 ***	− 0. 101 ***	− 0. 062 ***	0. 024 ***	− 0. 022 ***	− 0. 084 ***	1
MAO	0. 140 ***	− 0. 001	− 0. 004	0. 018 **	− 0. 064 ***	− 0. 325 ***	0. 083 ***

	MAO
MAO	1

注：*** 、** 、* 分别表示在1% 、5% 、10% 水平上显著。

二、基本分析

表5 - 5 的 Panel A 列出了事务所变更是否影响年报相似度的检验结果。第（1）列为没有控制任何变量的检验结果，Switch 与 Similarity 的相关系数 β_1 为 0. 0866，显著性水平在1% 以上，说明在没有控制任何因素的情况下事务所变更会导致企业披露更加相似的年报。第（2）列为没有控制企业个体效应的检验结果，相关系数 β_1 为 0. 0147，在1% 水平上显著为正，表明考虑了控制变量、年度及行业效应后会计师事务所变更与年报相似度的关系依然显著为正。第（3）列控制了企业个体效应，相关系数 β_1 为 0. 0134，数值有所下降，表明公司某些不随时间变化的特征确实是影响年报相似度的遗漏变量，控制这一内生性问题后，相关系数显著为正的结果依然存在，仍在1% 水平上显著。以上结果说明公司变更会计师事务所后年报相似度显著上升。

为了进一步研究不同类型的事务所变更原因对年报相似度的影响，参照现有研究（Su and Wu，2016），本书将事务所变更原因划分为以下三个类型：正常换所 Rotation（服务期满等）、企业原因 Company（企业治理结构发生重大变化、资产重组等）和事务所原因 Auditfirm（前任审计团队加入后任事务所等）。表 5-5 的 Panel B 列示了回归结果，Rotation 与 Similarity 的相关系数为 0.0117，并不显著，表明因正常轮换而导致事务所变更不会对年报相似度造成影响；Company 与 Similarity 的相关系数为 0.0776，在 1% 水平上显著为正，表明当公司出于自身原因而进行事务所变更时，公司会在变更当年披露与上年更为相似的年报；Auditfirm 与 Similarity 的相关系数为 -0.0029，不显著，表明因事务所原因而进行变更并不影响年报相似度。

表 5-5　　　　　会计师事务所变更对年报相似度的影响

Panel A：事务所变更对年报相似度的影响				Panel B：事务所变更原因对年报相似度的影响			
Dep. Var. = Similarity	(1)	(2)	(3)	Dep. Var. = Similarity	(4)	(5)	(6)
Switch	0.0866***	0.0147***	0.0134***	Rotation	0.0117		
	(22.5302)	(5.5117)	(4.7241)		(0.8281)		
				Company		0.0776***	
						(4.0023)	
				Auditfirm			-0.0029
							(-0.2209)
Size		0.0002	0.0196***	Size	-0.0116	0.0383	0.0035
		(0.0999)	(3.9841)		(-0.4146)	(1.4812)	(0.1206)
Lev		0.0061	-0.0177	Lev	0.0029	0.0117	-0.0208
		(0.9077)	(-1.5265)		(0.0280)	(0.1573)	(-0.4639)
Agency		-0.0103	-0.0016	Agency	0.2168**	0.0157	-0.0398**
		(-1.0899)	(-0.1123)		(2.2800)	(0.2055)	(-2.0409)
ROA		-0.0436**	0.0303	ROA	-0.0774	-0.1513	0.2106***
		(-2.0658)	(1.1971)		(-0.4567)	(-1.0601)	(2.9341)
BM		-0.0046**	-0.0087***	BM	-0.0106	-0.0303	0.0007
		(-2.4927)	(-3.1329)		(-0.7527)	(-1.6300)	(0.0493)

续表

Panel A：事务所变更对年报相似度的影响				Panel B：事务所变更原因对年报相似度的影响			
Dep. Var. = Similarity	（1）	（2）	（3）	Dep. Var. = Similarity	（4）	（5）	（6）
SH		0.0006 ***	0.0011 ***	SH	0.0008	0.0012	−0.0007
		(7.2025)	(6.1223)		(0.8293)	(1.5725)	(−0.7639)
SOE		−0.0183 ***	0.0050	SOE	0.0170	−0.1762 ***	0.0285
		(−6.4685)	(0.5823)		(0.2434)	(−3.7928)	(0.7131)
DUAL		−0.0023	−0.0010	DUAL	0.0057	−0.0248	−0.0083
		(−0.8770)	(−0.2099)		(0.2069)	(−0.9058)	(−0.4580)
Big4		−0.0130 **	−0.0151	Big4	0.0350	−0.2682 ***	NO
		(−1.9686)	(−0.8417)		(0.4303)	(−7.6958)	NO
Lag		0.0043	0.0024	Lag	−0.0258	0.0507 *	0.0297
		(1.0815)	(0.4838)		(−0.6791)	(1.6582)	(1.2278)
AuditFee		8.5126	19.5096 *	AuditFee	−32.4153	19.4239	19.3694
		(1.5120)	(1.8749)		(−0.3481)	(0.3159)	(0.6453)
Length		−0.0548 ***	−0.0492 ***	Length	−0.0148	−0.0633 ***	−0.0170
		(−14.4787)	(−9.0537)		(−0.5300)	(−2.8782)	(−0.5775)
MAO		0.0087	−0.0006	MAO	0.0045	0.0950 *	−0.0160
		(1.1709)	(−0.0616)		(0.1378)	(1.8115)	(−0.4430)
Year	NO	YES	YES	Year	YES	YES	YES
Industry	NO	YES	YES	Industry	YES	YES	YES
FE	NO	NO	YES	FE	YES	YES	YES
Constant	0.3217 ***	0.7268 ***	0.2063 *	Constant	0.3474	0.0685	0.3416
	(297.1703)	(14.3331)	(1.8528)		(0.5588)	(0.1331)	(0.4730)
N	14 133	14 133	14 133	N	715	480	1 004
R^2	0.0456	0.5752	0.6201	R^2	0.6438	0.7194	0.7262

注：括号内数字为双尾检验的 t 值；标准误差经过企业层面 Cluster 群聚调整；*** 、** 、* 分别表示在 1% 、5% 、10% 水平上显著。

第五节　稳健性检验

一、基于 PSM – DID 的检验

事务所变更与年报相似度之间可能存在以下内生性问题：（1）是否发生事务所变更会影响年报相似度，反过来，年报相似度也可能会影响公司发生事务所变更的可能性；（2）发生事务所变更与未发生事务所变更的公司之间也可能存在较大的特征差异，导致样本选择是非随机的。

本书采用倾向匹配得分法（propensity score matching，PSM）对实验组和控制组进行匹配，参照余明贵等（2016）的方法，本书从公司规模、公司治理、审计师等方面选取了一系列特征变量作为配对变量，具体包括：Size 为总资产取自然对数；Lev 为总负债除以总资产；ROA 为净利润除以总资产；BM 为账面市值比；Agency 为管理费用除以营业收入；SH 为第一大股东持股占总股本的比例；SOE 为产权性质，如果上市公司为国有企业，取值为 1，否则为 0；DUAL 为是否为两职合一，若两职合一取值为 1，否则为 0；Big4 为审计师来源，若来自国际"四大"取值为 1，否则为 0；Lag 为资产负债表日至审计报告日间隔天数的自然对数；AuditFee 为审计费用的自然对数；MAO 为审计意见，若为非标审计意见取值为 1，否则为 0；Length 为 MD&A 部分总字数的自然对数。然后，进行 probit 估计，以预测值作为得分进行最邻近匹配，若两个样本的得分相同或相近，意味着公司特征相似。最后，参照龚等（Gong et al.，2015）、褚剑和方军雄（2016）的方法，基于配对样本构建双重差分模型（difference-in-difference，DID）。具体回归模型如下所示：

$$Similarity = \beta_0 + \beta_1 LIST + \beta_2 POSTLIST + \beta_3 Controls + Year + Industry + FE + \varepsilon$$

$$(5.2)$$

其中，LIST 用于区分实验组和控制组，本书将变更事务所的样本作为实验组，LIST 取值为 1，将最近邻匹配的样本作为控制组，LIST 取值为 0；就 POSTLIST 而言，公司发生事务所变更后的年度取值为 1，否则为 0，反映的是相对于控制组，实验组样本在发生事务所变更前后年报相似度的变化差异。如果 POSTLIST 的回归系数 β_2 显著为正，表明事务所变更提高了年报相似度，反之，则说明事务所变更抑制了年报相似度。

表 5 - 6 的第（1）列报告了基于 PSM - DID 的检验结果。变量 POSTLIST 与 Similarity 的相关系数为 0.0207，在 1% 水平上显著为正，表明在控制了内生性问题后，本书结论依然成立。

二、对替代性解释的检验

事务所变更对年报相似度的影响在理论上可能存在其他替代性解释，即在事务所变更当年公司为向投资者传递重要信息，可能进行重复信息披露而不是为降低特有信息披露的机会主义行为（Li，2017）。为此，本书从信息不对称和股价崩盘风险视角考虑替代性解释对研究结论的影响，以信息不对称和股价崩盘风险作为因变量，将事务所变更和年报相似度（Similarity）进行交乘。如果替代性解释成立，则可以预测交乘项 Switch × Similarity 的相关系数显著为负。具体回归模型如下：

$$IA/CrashRisk = \beta_0 + \beta_1 Switch + \beta_2 Similarity + \beta_3 Switch \times Similarity$$
$$+ \beta_4 Controls + Year + Industry + FE + \varepsilon \qquad (5.3)$$

其中，IA 为信息不对称，参照余明贵等（2017）的研究，本书以分析师关注度（对上市公司做出盈利预测的证券分析师人数）作为信息不对称的代理变量，其数值越大，表明信息不对称程度越低。CrashRisk 为股价崩盘风险，参照基姆等（Kim et al.，2011；2018）的方法，本书以 NCSKEW（未来一期个股负收益偏态系数）和 DUVOL（未来一期个股收益率上下波动比）作为股价崩盘风险的代理变量，并在回归模型（5.1）基础上加入影响股价崩盘风险的控制变量：DTURN（股票本年度的月均换手率与上年度的月均换手率之差）、RET（个股年度回报率）、SIGMA（个股年度周收益的标准差）、DA（依据修正

Jones 模型分年度和行业计算出的操纵性应计利润）、DA^2（操纵性应计利润的平方）。

表 5 - 6 的第（2）列报告了以信息不对称作为因变量的检验结果。交乘项 Switch × Similarity 与 IA 的相关系数为 - 1. 4394，在 5% 水平上显著为负，表明事务所变更后年报相似度显著加剧了信息不对称程度，这与替代性解释的预测相

表 5 - 6 稳健性检验一

变量	PSM - DID	信息不对称	股价崩盘风险	股价崩盘风险
Dep. Var. =	（1）Similarity	（2）IA	（3）$NCSKEW_{i,t+1}$	（4）$DUVOL_{i,t+1}$
POST	- 0. 0105*			
	（- 1. 8958）			
POSTLIST	0. 0207***			
	（2. 8592）			
Switch		0. 3611	- 0. 0299	- 0. 0095
		（1. 4593）	（- 0. 6915）	（- 0. 2616）
Similarity		- 0. 7055	- 0. 1515*	- 0. 0548
		（- 1. 5293）	（- 1. 7805）	（- 0. 7470）
Switch × Similarity		- 1. 4394**	0. 0057	- 0. 0242
		（- 2. 5399）	（0. 0556）	（- 0. 2806）
Controls	YES	YES	YES	YES
Year	YES	YES	YES	YES
Industry	YES	YES	YES	YES
FE	YES	YES	YES	YES
Constant	0. 2391**	- 74. 9551***	- 6. 9360***	- 6. 6415***
	（1. 9867）	（- 13. 1811）	（- 9. 2409）	（- 10. 0598）
N	14 194	14 133	12 077	12 075
R^2	0. 6210	0. 1704	0. 1612	0. 2086

注：括号内数字为双尾检验的 t 值；标准误差经过企业层面 Cluster 群聚调整；***、**、* 分别表示在 1%、5%、10% 水平上显著。

反。表 5-6 的第（3）~（4）列报告了以股价崩盘风险作为因变量的检验结果。交乘项 Switch × Similarity 与 NCSKEW$_{i,t+1}$ 的相关系数为 0.0057，不显著，交乘项 Switch × Similarity 与 DUVOL$_{i,t+1}$ 的相关系数为 -0.0242，不显著，这在一定程度上排除了替代性解释。

三、基于年报相似度不同度量方法的检验

本书参照约翰斯顿和张（2018）的做法，以同行业年报相似度作为年报相似度的代理变量进行稳健性检验，通过 Python 自然语言处理软件和 LDA 模型逐个计算出某公司与同一行业和年度内其他公司的文本相似度余弦值，然后取平均值来衡量该公司的年报相似度，再次带入回归模型（5.1）中。检验结果如表 5-7 的第（1）列所示，Switch 与 Similarity 的相关系数为 0.0023，在 10% 水平上显著，表明在更换年报相似度测度方法后，本书结论保持不变。

四、剔除事务所合并更名的影响

既有关于事务所合并更名是否属于事务所变更的问题有两种做法，一部分学者认为，合并更名后的事务所与合并前在事务所文化、治理结构、治理控制、业务资源和人力资源等方面存在区别，因而合并更名应视为变更样本（Huang et al.，2015）；而另一部分文献则认为，事务所合并更名属于经营规模调整，并未改变经济实质，因而未将事务所合并更名纳入事务所变更样本（张鸣等，2012）。本书在主回归检验中采用了第一种做法，但出于稳健性的考虑，在稳健性检验中使用第二种做法，即在事务所变更样本中剔除合并更名样本后，使用剩余 13 542 个样本重复回归模型（5.1）。检验结果如表 5-7 的第（2）列所示，Switch 与 Similarity 的相关系数为 0.0139，在 1% 水平上显著，表明在剔除了事务所合并更名的影响后，研究结论依然可靠。

五、剔除换"所"不换"师"的影响

通常来说，有权在审计报告上签字的注册会计师（以下简称"签字注师"）会随事务所变更一同更换，但谢盛纹和闫焕民（2012）研究发现，签字注师跳槽到其他所可能带走原有客户，出现换"所"不换"师"现象。本书统计发现，14 133 个事务所变更样本中有 7 238 个样本确实存在大量换"所"不换"师"情形，这里一个潜在的担忧是，由于审计实践中通常以项目团队为单位开展工作，而签字注师在项目团队中起到重要作用，其个人风格在很大程度上决定了审计风格（Johnston and Zhang，2018），那么换"所"不换"师"就可能导致更换事务所的公司仅仅是"名义"换所。为此，本书剔除了换"所"不换"师"样本后，重新进行回归。表 5 - 7 的第（3）列报告了检验结果，Switch 与 Similarity 的相关系数为 0.0134，在 1% 水平上显著，研究结论依然稳健。

六、剔除外部环境未发生重大变化的影响

布朗和塔克（2011）指出，当公司所处的外部环境发生重大变化时管理层会对年报文本信息的披露作出相应的改变，表现出年报相似度的下降效应。此处，对本书研究结论的一个潜在担忧是，由于宏观环境可能并没有发生变化而使得企业当年披露的年报继续沿用了上年度的文本撰写方式。为检验事务所变更对年报相似度的正向效应不受宏观环境的影响，本书在回归模型（5.1）中加入了调节变量经济政策不确定性（EPU），经济政策不确定性指数是衡量宏观外部环境不确定性的一个常用指标，参照古伦和扬（Gulen and Ion，2015）的方法，本书以斯坦福大学和芝加哥大学发布的中国经济政策不确定性指数作为代理变量。我们预测，交乘项 Switch × EPU 的回归系数不显著。检验结果如表 5 - 7 的第（4）列所示，交乘项 Switch × EPU 与 Similarity 的回归系数为 0.0027，并不显著，这在一定程度上排除了年报相似度的上升是受较为稳定的外部环境影响所致。

表 5-7　　　　　　　　　　　　稳健性检验二

变量	基于年报相似度不同度量方法的检验	剔除事务所合并分立的影响	剔除换"所"不换"师"的影响	剔除外部环境未发生重大变化的影响
Dep. Var. = Similarity	（1）	（2）	（3）	（4）
Switch	0.0023 * （1.7446）	0.0139 *** （4.7977）	0.0134 *** （3.3110）	0.0124 *** （3.5320）
EPU				0.3223 *** （45.2138）
Switch × EPU				0.0027 （0.4439）
Controls	YES	YES	YES	YES
Year	YES	YES	YES	YES
Industry	YES	YES	YES	YES
FE	YES	YES	YES	YES
Constant	0.9636 *** （12.9356）	0.1929 * （1.7215）	0.6381 *** （9.9022）	0.2060 * （1.8504）
N	14 101	13 542	6 895	14 133
R^2	0.3432	0.6149	0.5960	0.6201

　　注：括号内数字为双尾检验的 t 值；标准误差经过企业层面 Cluster 群聚调整；***、**、* 分别表示在 1%、5%、10% 水平上显著。

七、扩大年度检验

　　为考察后续审计过程中年报相似度的变化情况，参照张睿等（2018）的方法，本书定义了如下虚拟变量：当样本处于事务所变更当年和后一年时，Switch 取值为 1，否则为 0；当样本处于事务所变更当年和后两年时，Switch 取值为 1，否则为 0；当样本处于事务所变更当年和后三年时，Switch 取值为 1，否则为 0。再次进行回归分析，结果如表 5 - 8 的第（1）~（3）列所示。结果显示，Switch 与 Similarity 的相关系数均显著为正，表明无论是事务所变更后一年、两年还是三年，年报相似度的正向效应始终存在。

八、异方差检验

为解决可能的异方差问题，本书对回归模型中的标准误差进行 White 异方差调整。结果如表 5 - 8 的第（4）列所示，Switch 与 Similarity 的相关系数为 0.0127，在 1% 水平上为正，表明事务所变更与年报相似度的正向关系仍然成立。

表 5 - 8　　　　　　　　　　稳健性检验三

变量	变更后一年	变更后两年	变更后三年	异方差检验
Dep. Var. = Similarity	（1）	（2）	（3）	（4）
Switch	0.0158***	0.0106**	0.0100**	0.0147***
	(2.5782)	(2.0579)	(2.0527)	(5.2901)
Controls	YES	YES	YES	YES
Year	YES	YES	YES	YES
Industry	YES	YES	YES	YES
FE	YES	YES	YES	YES
Constant	-0.5401**	-0.0802	0.1818	0.7268***
	(-2.1508)	(-0.5023)	(1.3056)	(15.7211)
N	4 894	8 010	10 196	14 133
R^2	0.6914	0.6540	0.6275	0.5752

注：括号内数字为双尾检验的 t 值；第（1）~（3）列的标准误差经过企业层面 Cluster 群聚调整；第（4）列的标准误差经过 White 异方差调整；***、**、* 分别表示在 1%、5%、10% 水平上显著。

第六节　进一步分析

一、四大 vs 非四大

相比非四大，四大会计师事务所具有较高的声誉成本和较强的独立性，其实行合谋舞弊行为的机会成本较高，不会为了短期利益而毁掉长期建立的声誉。同时，邓川（2011）通过对审计师变更方向与公司盈余操纵行为进行研究发现，当会计师事务所由大所变为小所时，公司的盈余管理程度在变更后显著增加，而由小所变为大所时，公司的盈余管理程度则显著降低。张建勇（2014）也同样发现，当会计师由大所向小所变更时会降低公司的会计稳健性。因此，本书预测当公司将事务所由四大变为非四大时，其合谋动机更强，相应地，年报相似度更高。

为此，我们将全样本划分为四大变更非四大和非四大变更四大两组，在原回归模型基础上进行分组检验。表5-9的第（1）~（2）列报告了回归结果，我们发现，在四大变更非四大组中，Switch 与 Similarity 的相关系数为 0.0116，在 1% 水平上显著为正，而在非四大变更四大组中，Switch 与 Similarity 的相关系数为 0.0037，并不显著，表明事务所变更对年报文本相似度的影响在四大变更非四大的样本中存在。

二、行业竞争度的影响

李和陈（Chen，2016）研究发现，为抵御竞争对手，处于高行业集中度的企业会更倾向于披露与竞争对手相似的风险信息。韦雷基亚（Verrecchia，2001）

认为，虽然私有信息的披露可以有效降低信息不对称，但在高竞争度的行业中，公开披露的私有信息也可能被竞争对手获得并采取不利行动，进而影响公司竞争力。袁知柱等（2017）研究发现，竞争强度越大的行业，其总体盈余操纵水平也相对越高，他们会为了避免竞争对手发现其操纵行为和方式，提供可比性较低的会计信息。因此，本书预测，当上市公司所处行业竞争度较高时，会计师事务所变更对财务报告相似度的正向影响更强。

基于此，本书参照余明桂等（2016）的方法，以赫芬达尔指数衡量行业竞争度，指标计算公式为 $\sum\left(\dfrac{X_i}{X}\right)^2$，其中 $X = \sum X_i$，X_i 为企业销售额，该指数越大，表明行业竞争度越低。然后，本书按照赫芬达尔指数中位数将全样本划分为行业竞争度高低组，代入主回归模型进行分组检验。表 5 - 9 的第（3）~（4）列报告了回归结果，结果显示，在行业竞争高组中，Switch 与 Similarity 的相关系数为 0.0132，在 1% 水平上显著为正，而在行业竞争低组中，Switch 与 Similarity 的相关系数为 0.0069，并不显著，表明事务所变更与年报文本相似度的正向关系仅在身处较高行业竞争的企业中存在。

三、审计费用溢价的影响

已有研究发现，过高的审计费用会增加审计师与公司合谋的可能性，削弱审计师的独立性，进而导致审计质量下降（李明辉和沈真真，2016）。布兰克利等（Blankley et al.，2014）研究发现，异常审计费用会显著降低审计师出具非标意见以及审计意见恶化的可能性。同时，周兰等（2018）的研究表明，上市公司变更事务所存在购买审计意见的动机，当公司审计师变更后审计费用溢价程度越高，其越有可能进行合谋。因此，本书预测，当审计费用溢价程度越高时，事务所变更与财务报告相似度之间的相关性越强。

为此，参照宋子龙和余玉苗（2018）的方法，本书以上市公司支付的审计费用大于同一年度与同一行业的上、下四分位数作为高、低审计费用溢价的代理变量，进行分组检验。表 5 - 9 的第（5）~（6）列报告了回归结果，结果表明，在审计费用溢价高组中，Switch 与 Similarity 的相关系数为 0.0144，在 5% 水平上显著为正，而在行业竞争低组中，Switch 与 Similarity 的相关系数为 0.0075，并不显著，这说明事务所变更对年报文本相似度的影响仅在支付较高审计费用溢价的企业中存在。

表 5-9　　　　　　　　　　　进一步分析一

变量	四大变更非四大	非四大变更四大	行业竞争高	行业竞争低	审计费用溢价高	审计费用溢价低
Dep. Var. = Similarity	（1）	（2）	（3）	（4）	（5）	（6）
Switch	0.0116***	0.0037	0.0132***	0.0069	0.0144**	0.0075
	(3.9398)	(0.3229)	(4.4699)	(0.7051)	(2.4260)	(1.3643)
Controls	YES	YES	YES	YES	YES	YES
Year	YES	YES	YES	YES	YES	YES
Industry	YES	YES	YES	YES	YES	YES
FE	YES	YES	YES	YES	YES	YES
Constant	0.3764***	−0.1674	0.2215*	−0.2260	0.1669	0.4837*
	(2.8590)	(−0.2192)	(1.8458)	(−0.6083)	(0.6919)	(1.7471)
N	10 925	614	12 835	1 298	3 861	3 700
R^2	0.6344	0.5960	0.6179	0.6794	0.6126	0.6195

注：括号内数字为双尾检验的 t 值；标准误差经过企业层面 Cluster 群聚调整；***、**、* 分别表示在 1%、5%、10% 水平上显著。

四、经济后果分析

许多学者研究表明公司可能出于隐藏信息的目的而增加年报相似度，这将影响投资者的决策判断。布卢姆菲尔德（2008）研究发现，年报中重复披露的信息越多，公司与投资者间的信息不对称程度越高。霍伯格和菲利普斯（Hoberg and Phillips，2016）考察了首次公开募股（IPO）发行文件的相似度对股票定价的影响发现，发行文件的相似度越高，IPO 定价越不准确。既然相似的年报文本可能对投资者产生负面反应，那么，本书据此推断，事务所变更后公司披露的年报越相似，公司价值越低。为检验事务所变更后年报相似度的增长效应对企业价值的影响，参照金宇超等（2016）的方法，本书设定了如下模型：

$$\Delta Q = \beta_0 + \beta_1 \text{Switch} + \beta_2 \text{Similarity} + \beta_3 \text{Switch} \times \text{Similarity}$$

$$+ \beta_4 \text{Controls} + \text{Year} + \text{Industry} + \text{FE} + \varepsilon \tag{5.4}$$

其中，ΔQ 为公司价值的变化，以上市公司托宾 Q 值的变化作为代理变量。除了模型（5.1）中的控制变量，模型（5.4）还控制了上年度的托宾 Q 值。本书预测交乘项 Switch × Similarity 的回归系数 β_3 显著为负。

表 5 - 10 的第（1）列报告了检验结果，交乘项 Switch × Similarity 与 ΔQ 的相关系数为 - 0.7386，在 1% 水平上显著为负，表明事务所变更产生的年报相似度增长效应会损害公司价值，与预测相符。

五、其他文本信息策略性披露的拓展性测试

到目前为止，本书已经证明事务所变更会增加年报文本相似度。然而，现有研究发现，除相似度以外，管理层常用的文本信息策略性披露手段还有年报可读性、语调等（杨丹等，2018）。那么，事务所变更是否会影响年报的可读性、语调呢？这是本部分将要检验的问题，有助于我们更加全面地分析事务所变更对文本策略性披露的影响。

首先，参照洛克伦等（2014）、邱的方法，本书从汉字复杂度、句子复杂度和年报文件复杂度三个层面构造年报可读性指标。其中：汉字复杂度为年报中难字站总字数的比例，难字的定义为《现代汉语常用字》中没有收录的汉字；句子复杂度为句子平均长度，计算公式为年报总字数除以总句数；年报文件复杂度为年报文本占计算机内存大小的自然对数。然后，本书采用主成分分析法，估算了可读性综合指标（Readability），估算结果为：0.390 × 汉字复杂度 + 0.312 × 句子复杂度 + 0.300 × 文件复杂度，该指标越大，表明年报复杂度越高、可读性越差。为检验事务所变更对年报可读性的影响，本书以年报可读性作为因变量代入主回归模型中进行回归检验。表 5 - 10 的第（2）列报告了检验结果，我们发现，Switch 与 Readability 的相关系数为 0.0275，在 1% 水平上显著为

正，表明事务所变更会导致年报的可读性变差。

其次，与谢德仁和林乐（2015）一致，本书使用（正面词汇数 - 负面词汇数）÷（正面词汇数 + 负面词汇数）作为年报语调（Tone）的代理变量，其中本书选择《台湾大学情感词典》《清华大学李军中文褒贬义词典》与《知网情感分析词典》等情感词典作为正负面词汇的辨别依据，该指标数值越大，表明年报语调越积极。为检验事务所变更对年报语调的影响，本书以年报语调作为因变量代入主回归模型中进行回归检验。表 5 - 10 的第（3）列报告了检验结果，结果显示，Switch 与 Tone 的相关系数为 - 0.0004，并不显著，表明事务所变更对年报语调没有影响。

表 5 - 10 进一步分析二

变量	企业价值	年报可读性	年报语调
Dep. Var. =	（1） ΔQ	（2） Readability	（3） Tone
Switch	0.8527 ***	0.0275 ***	- 0.0004
	(3.4892)	(3.1592)	(- 0.2944)
Similarity	0.3575 ***		
	(2.9932)		
Switch × Similarity	- 0.7386 ***		
	(- 2.8568)		
Controls	YES	YES	YES
Year	YES	YES	YES
Industry	YES	YES	YES
FE	YES	YES	YES
Constant	9.2086 *	- 2.7767 ***	0.5983 ***
	(1.9490)	(- 7.5572)	(9.8143)
N	13 530	14 133	14 122
R^2	0.9209	0.4702	0.1835

注：括号内数字为双尾检验的 t 值；标准误差经过企业层面 Cluster 群聚调整；*** 、** 、* 分别表示在 1% 、5% 、10% 水平上显著。

第七节 本 章 小 结

我国证券市场作为一个新兴市场，法律、法规等正式制度仍有待完善，这为以传统关系文化为代表的非正式制度的发挥留下了较大空间，因而经济活动中的关系嵌入对公司财务的影响也越来越受到理论界的关注。已有研究表明，事务所变更会导致事务所—客户之间弱关系的产生，并对年报中数字信息的披露造成显著影响。然而，年报中除财务数字外，文字形式的定性分析也占据了相当的篇幅，文本信息是衡量会计信息质量的一个重要方面，现有文献却较少关注在事务所变更期间事务所—客户之间弱关系是否以及如何影响管理层对文本信息披露的选择。有鉴于此，本书使用"管理层讨论与分析"余弦相似度数据衡量年报文本相似度，结合 2008～2017 年 A 股上市公司财务数据，从事务所变更的视角探究事务所—客户弱关系嵌入对管理层年报文本相似度策略性披露的影响，并实证检验不同情境下上述效应的差异、经济后果以及对其他文本披露策略的影响。

研究的主要结论是：在控制了相关财务特征和文本特征变量的影响之后，事务所变更与年报文本相似度显著正相关，这说明在弱关系嵌入下管理层为规避风险会做出提高年报文本相似度的披露策略。在进一步研究中，本书发现，上述关系在四大变更为非四大、行业竞争度较高以及审计费用溢价较大的样本中更加显著，说明事务所变更对文本相似度策略性披露的影响需要一定的作用条件。另外，在关注了经济后果之后，本书发现，事务所变更触发的文本相似度策略性披露会导致企业价值显著降低，说明增加文本相似度会抑制增量信息的传递，降低投资者的信息获取能力。最后本书还发现，事务所变更会增加年报文本的复杂度，降低文本的可读性，但对于语调管理没有显著影响。

第六章
研究结论与展望

第一节　研究结论

当前，随着年度报告文本信息占公司对外披露信息比重的不断上升以及披露形式的持续多样化，管理层在不同情境下对文本信息做出的差异化披露选择也成为学术界关注的前沿问题。然而，不同学者对年报文本信息策略性披露问题持有不同的看法。一部分学者认为，管理层策略性地进行文本信息披露可以给投资者提供增量信息，如在年报中使用复杂的语言有助于向投资者解读错综复杂的经济事项和专业性较强的技术信息，同时披露的语调也能够较好地预测公司的未来业绩。另一部分学者则认为，在资本市场相对缺乏文本信息监管的情况下，文本信息的策略性披露相对于传统的数字信息来说更加隐蔽且经济，因而年报文本中很可能充斥着操纵后的信息，这不仅严重误导了信息使用者的决策判断，还会降低价格有效性和资本市场效率。相比于国外较为成熟的研究成果，基于中文语境的年报文本策略性披露研究尚处于探索性阶段。那么，在此背景下，何种情境会导致管理层进行年报文本策略性披露，以及这种策略性披露行为又会对我国资本市场产生怎样的影响呢？为此，本书结合我国的制度与文化背景，充分整合语言学理论、委托代理理论、信息不对称理论、关系嵌入理论、审计定价理论等构建了理论框架，然后运用文本挖掘、机器学习、回归模型等研究方法进行实证检验，以佐证本书的思想和理论观点。我们得出如下结论：

第一，上市公司的年报可读性越差，其未来股价崩盘风险越高，表明管理层为隐藏负面消息可能会撰写复杂、可读性差的财务报告；进一步，我们检验了另一种文本操纵方式——年报语调管理的联合效应，研究发现，年报语调越积极，年报可读性与股价崩盘风险关系越显著，表明管理层可能会配合性地在年报中披露超常积极语调来增加投资者信息的解读成本，误导其对公司基本面的认识；另外，我们检验了年报可读性对股价崩盘风险的具体影响机制，发现年报可读性主要通过信息不对称机制来影响股价崩盘风险；此外，依据管理层自利动机强度进行分组检验发现，股价崩盘风险增加效应仅在高管面临较大业绩压力的企业中存在，而在业绩压力较小的企业并不存在；最后，考虑到不同质量的内部控制对可读性策略性披露行为的治理作用不同，据此分组检验发现，年报可读性与股价崩盘风险的负相关关系仅在内控质量较低的公司中更显著。

第二，年报语调越积极，审计师收取的审计费用越高。进一步分析发现，年报语调能够通过增加被审单位的经营风险从而导致审计师做出增加审计收费的决策；审计费用增加效应仅在民营企业和高信息不对称公司中存在；审计师专业能力会强化年报语调对审计费用的正向关系，而事务所规模则会弱化二者关系；面对异常积极的年报语调，审计师的努力程度也会随之提高，表现为更高的审计质量。上述研究从审计视角证实年报语调确实是一种除财务报表外另一种可以被管理层操纵的信息，异常积极的语调反映出被审单位在经营方面可能存在重大错报风险。同时，审计师作为为年报信息提供鉴证服务的专业人士，能够对年报中的异常语调信息保持足够的职业关注，并通过增加审计投入方式以确保更高的审计质量，降低审计风险。

第三，事务所变更与年报文本相似度正相关，表明在事务所变更期间，企业为规避风险会采取保守的文本相似度披露策略，即加大年报的模板化内容，减少特质性信息，从而增加文本相似度。进一步研究发现，上述检验结果主要存在于由审计质量较高事务所向审计质量较差事务所变更、同行业竞争压力更大以及审计合谋可能性更高的样本中。另外，经济后果检验发现，事务所变更产生的文本相似度策略性披露行为会加重信息不对称，降低公司价值。最后，我们还发现，事务所变更会增加年报文本的复杂度，降低文本的可读性，但对于语调管理没有显著影响。

第二节　政 策 建 议

本书研究的政策启示在于：

第一，对于市场监管机构而言，现有准则文件多将财务报告的数字信息作为市场监管的重点内容，而对文本信息的关注相对不足。例如，中国的《企业会计准则》主要围绕企业发生的交易或事项的会计确认、计量和报告进行指导规范，而与会计信息编报和呈现有关的规定往往仅作为一项附属内容。本书研究结论表明，管理人员不仅能利用财务报告的文本信息进行策略性披露，影响信息使用者的决策判断，其产生的经济后果还会导致企业极端事件发生，波及股票市场稳定。相比之下，美国早在 1998 年就颁布了 *Rule* 421（*d*）和 *A Plain English Handbook*，强制要求上市公司在撰写财务披露文件时遵照上述规则规范文本信息的披露行为，以让"最不精明"（least-sophisticated）的投资者能够理解财务报告信息。当前已有国内学者呼吁，加强文本信息披露监管对于改善中国会计信息披露环境、实现会计信息的决策有用性目标有着极为重要的现实意义。因此，监管机构应加强对会计信息披露形式这一薄弱环节的监管、完善上市公司信息披露制度、加大对信息操纵等违规违法行为的惩罚力度，以构筑良好的市场监管体系，防范重点领域风险，将会计信息形式质量监管与会计信息内容监管放在同等重要的地位。

第二，对于上市公司而言，本书研究揭示出，经理人员考虑到业绩压力会进行文本信息操纵，且这种行为多发生于公司治理较为薄弱的企业，表明与财务数字信息操纵一样，文本信息操纵（如年报可读性操纵、年报语调管理）也是一种机会主义行为，同时也说明制定合理的薪酬契约、加强内部控制能够在一定程度上弱化可读性操纵对股价稳定的负面影响。因此，企业内部权力与制衡部门应意识到若不能对管理层的文本操纵行为实施有效治理，可能会给企业带来极端的负面后果，引发股价崩盘。同时，我们还发现，语调操纵较为严重的公司更多的存在于民营企业和信息不对称程度较高的企业中，这说明代理问题较为严重的企业容易滋生管理层的语调操纵行为。因此，监管部门应加强对公司治理的监管，加大对机会主义行为的处罚力度，以发挥好会计信息引导资源配置的功能。

第三，对于投资者而言，正如本书所发现的那样，披露可读性差的财务报告可能与隐藏坏消息有关，因而投资者在进行投资决策时，要格外重视财务报告的文本信息，不可单独地依赖管理层在财务报告中对企业情况的表述孤立地进行决策，而应借助多方面信息渠道，正确识别可能存在的策略性披露行为，避免因信息不对称而导致投资者遭受重大损失。同时，应进一步加强投资者教育。在我国的市场条件下，非理性投资者容易受到虚假信息、股价操纵等不端事件的影响。因此，监管部门应引导投资者正确认识年报文本中的语调信息，不要盲目追随年报中披露异常积极信息的上市公司，引导投资者做出理性的决策判断。

第四，对于会计师事务所而言，应强化《审计准则》对其他信息的审计师责任。注册会计师审计是规范资本市场信息披露的关键环节之一，同时近年来大量研究证实年报中的文本信息对于年报使用者有着越来越重要的作用，国际会计准则理事会（IASB）、国际审计与鉴证准则理事会（IAASB）等部门也纷纷出具公告指出应对年报中的非"四表一注"内容实施鉴证，以提高"其他信息"的有用性。但是从当前我国的审计市场来看，审计师对其他信息责任的重视程度远不及财务报表信息。因此，相关监管部门应进一步加强审计师对其他信息的责任，并进一步细化审计师针对其他信息存在重大错报风险应执行的审计程序。

第三节　研究展望

本书的研究存在以下不足之处，可供后续研究做进一步完善：

第一，本书主要关注了年报可读性、年报语调、年报相似度这三种文本策略性披露手段，在后续研究中如将与风险有关的文本信息纳入研究视角，有可能是一个很有意义的研究选题，但这需要通过 Python 自然语言处理软件挖掘出更多更具体的数据，以展开进一步研究。

第二，应进一步拓展年报文本信息策略性披露其他方面的经济后果，如对银行贷款决策、投资效率、融资成本等的影响，这三个议题至今鲜有文献涉及，尤其是对融资成本的影响。以融资成本为例，如何降低融资成本是当前政府高度关注的问题，也是学术界研究的热点。有关年报文本信息策略性披露如何影响企业融资成本的问题，从既有文献来看，学术界对这一研究议题的探讨还非常欠缺。在接下来的研究中，我们将紧密围绕"年报文本信息策略性披露与企业融资成本"这一主题展开研究，充分挖掘文本信息影响融资成本的内在机理与影响机制，为企业"降成本、减负担"提供政策参考。

第三，虽然本书采用工具变量法、滞后自变量法能够较好地缓解内生性，但依然无法从根本上解决这一问题，在后续研究中本书可以尝试寻找合适的外生事件，运用双重差分模型进行检验。

第四，继续跟进年报会计信息形式质量改革，关注监管部门近期颁布的相关政策，并进一步研究政策的经济后果。例如，2016 年，证监会在《公开发行证券的公司信息披露内容与格式准则第 2 号——年度报告的内容与格式》（2016年修订）中明确要求管理层讨论与分析应充分解释公司财务变动的根本原因，以及公司在未来可能存在的风险，不能仅仅只是简单的重复内容。该政策的出台对于规范上市公司的年报文本信息披露行为会产生非常重要的影响，这为本书后续研究年报文本信息披露的经济后果提供了较为理想的准自然实验条件。

参考文献

[1] 蔡利、唐嘉尉、蔡春:《公允价值计量、盈余管理与审计师应对策略》,载于《会计研究》2018 年第 11 期。

[2] 陈胜蓝、李占婷:《经济政策不确定性与分析师盈余预测修正》,载于《世界经济》2017 年第 7 期。

[3] 陈宋生、田至立:《往期审计风险的定价作用与传导机理》,载于《审计研究》2019 年第 1 期。

[4] 褚剑、方军雄:《中国式融资融券制度安排与股价崩盘风险的恶化》,载于《经济研究》2016 年第 5 期。

[5] 黄伯荣、廖序东:《现代汉语》,高等教育出版社 2017 年版。

[6] 姜付秀、石贝贝、马云飙:《信息发布者的财务经历与企业融资约束》,载于《经济研究》2016 年第 6 期。

[7] 金宇超、靳庆鲁、宣扬:《"不作为"或"急于表现":企业投资中的政治动机》,载于《经济研究》2016 年第 10 期。

[8] 孔东民、刘莎莎:《中小股东投票权、公司决策与公司治理——来自一项自然试验的证据》,载于《管理世界》2017 年第 9 期。

[9] 李特约翰:《人类传播理论》,清华大学出版社 2004 年版。

[10] 李伟、韩晓梅、吴联生:《审计投入的产出效应》,载于《会计研究》2018 年第 3 期。

[11] 林乐、谢德仁:《分析师荐股更新利用管理层语调吗?——基于业绩说明会的文本分析》,载于《管理世界》2017 年第 11 期。

[12] 马晨、程茂勇、张俊瑞:《事务所变更能帮助公司提升审计质量吗?——来自二次财务重述的经验证据》,载于《中国软科学》2014 年第 10 期。

[13] 梅丹、高强:《独立性与行业专长对客户会计稳健性的影响》,载于《审计研究》2016 年第 6 期。

[14] 孟庆斌、杨俊华、鲁冰：《管理层讨论与分析披露的信息含量与股价崩盘风险——基于文本向量化方法的研究》，载于《中国工业经济》2017 年第12 期。

[15] 彭聃龄、王春茂：《汉字加工的基本单元：来自笔画数效应和部件数效应的证据》，载于《心理学报》1997 年第 1 期。

[16] 钱雪松、方胜：《担保物权制度改革影响了民营企业负债融资吗？——来自中国〈物权法〉自然实验的经验证据》，载于《经济研究》2017年第 5 期。

[17] 丘心颖、郑小翠、邓可斌：《分析师能有效发挥专业解读信息的作用吗？——基于汉字年报复杂性指标的研究》，载于《经济学》（季刊）2016 年第4 期。

[18] 饶品贵、徐子慧：《经济政策不确定性影响了企业高管变更吗?》，载于《管理世界》2017 年第 1 期。

[19] 饶育蕾、王建新、苏燕青：《上市公司盈余信息披露是否存在时机择？——基于投资者有限注意的实证分析》，载于《管理评论》2012 年第 12 期。

[20] 申慧慧：《环境不确定性对盈余管理的影响》，载于《审计研究》2010 年第 1 期。

[21] 宋子龙、余玉苗：《审计项目团队行业专长类型、审计费用溢价与审计质量》，载于《会计研究》2018 年第 4 期。

[22] 孙蔓莉：《论上市公司信息披露中的印象管理行为》，载于《会计研究》2004 年第 3 期。

[23] 谭松涛、甘顺利、阚铄：《媒体报道能够降低分析师预测偏差吗?》，载于《金融研究》2015 年第 5 期。

[24] 王红建、李青原、陈雅娜：《盈余管理、经济周期与产品市场竞争》，载于《会计研究》2015 年第 9 期。

[25] 王红建、李青原、邢斐：《经济政策不确定性、现金持有水平及其市场价值》，载于《金融研究》2014 年第 9 期。

[26] 王华杰、王克敏：《应计操纵与年报文本信息语气操纵研究》，载于《会计研究》2018 年第 4 期。

[27] 王化成、曹丰、叶康涛：《监督还是掏空：大股东持股比例与股价崩

盘风险》，载于《管理世界》2015 年第 2 期。

[28] 王克敏、王华杰、李栋栋、戴杏云：《年报文本信息复杂性与管理者自利——来自中国上市公司的证据》，载于《管理世界》2018 年第 12 期。

[29] 王雄元、高曦：《年报风险披露与权益资本成本》，载于《金融研究》2018 年第 1 期。

[30] 王雄元、李岩琼、肖忞：《年报风险信息披露有助于提高分析师预测准确度吗?》，载于《会计研究》2017 年第 10 期。

[31] 王永海、石青梅：《内部控制规范体系对公司风险承受是否具有抑制效应? ——中国版"萨班斯"法案强制实施的风险后果分析》，载于《审计研究》2016 年第 3 期。

[32] 谢德仁、林乐：《管理层语调能预示公司未来业绩吗? ——基于我国上市公司年度业绩说明会的文本分析》，载于《会计研究》2015 年第 2 期。

[33] 谢盛纹、闫焕民：《随签字注册会计师流动而发生的会计师事务所变更问题研究》，载于《会计研究》2012 年第 4 期。

[34] 徐高彦、曹俊颖、徐汇丰、沈菊琴：《上市公司盈余预告择时披露策略及市场反应研究——基于股票市场波动的视角》，载于《会计研究》2017 年第 2 期。

[35] 许年行、江轩宇、伊志宏、徐信忠：《分析师利益冲突、乐观偏差与股价崩盘风险》，载于《经济研究》2012 年第 7 期。

[36] 许言、邓玉婷、陈钦源、许年行：《高管任期与公司坏消息的隐藏》，载于《金融研究》2017 年第 12 期。

[37] 薛爽、叶飞腾、洪韵：《会计师—客户关系与事务所变更》，载于《会计研究》2013 年第 9 期。

[38] 杨丹、黄丹、黄莉：《会计信息形式质量研究——基于通信视角的解构》，载于《会计研究》2018 年第 9 期。

[39] 余明桂、钟慧洁、范蕊：《分析师关注与企业创新——来自中国资本市场的经验证据》，载于《经济管理》2017 年第 3 期。

[40] 余明桂、钟慧洁、范蕊：《业绩考核制度可以促进央企创新吗?》，载于《经济研究》2016 年第 12 期。

[41] 曾庆生、周波、张程、陈信元：《年报语调与内部人交易："表里如

一"还是"口是心非"?》，载于《管理世界》2018 年第 9 期。

［42］翟胜宝、张胜、谢露、郑洁：《银行关联与企业风险——基于我国上市公司的经验证据》，载于《管理世界》2014 年第 4 期。

［43］张迪：《审计师对信息风险区别对待了吗？——基于"调增式变脸"与审计意见关系的证据》，载于《审计研究》2012 年第 3 期。

［44］张俊瑞、余思佳、程子健：《大股东股权质押会影响审计师决策吗？——基于审计费用与审计意见的证据》，载于《审计研究》2017 年第 3 期。

［45］张鸣、田野、陈全：《制度环境、审计供求与审计治理——基于我国证券市场中审计师变更问题的实证分析》，载于《会计研究》2012 年第 5 期。

［46］张宁志：《汉语教材语料难度的定量分析》，载于《世界汉语教学》2000 年第 3 期。

［47］张睿、田高良、齐保垒、韩洁：《会计师事务所变更、初始审计费用折价与审计质量》，载于《管理评论》2018 年第 2 期。

［48］周泽将、马静、胡刘芬：《高管薪酬激励体系设计中的风险补偿效应研究》，载于《中国工业经济》2018 年第 12 期。

［49］朱朝晖、许文瀚：《管理层语调是否配合了盈余管理行为》，载于《广东财经大学学报》2018 年第 1 期。

［50］左虹、朱勇：《中级欧美留学生汉语文本可读性公式研究》，载于《世界汉语教学》2014 年第 2 期。

［51］Allee, K. , and M. Deangelis. The Structure of Voluntary Disclosure Narratives: Evidence from Tone Dispersion. *Journal of Accounting Research*, 2015, 53 (2): 241 – 274.

［52］Allen, F. , J. Qian, and M. Qian. Law, Finance, and Economic Growth in China. *Journal of Financial Economics*, 2005, 77 (1): 57 – 116.

［53］Amihud, Y. . Illiquidity and Stock Returns Cross – Section and Time – Series Effects. *Journal of Financial Markets*, 2002, 5 (1): 31 – 56.

［54］Ashbaugh – Skaife, H. , Collins, D. W. , Kinney, W. R. , LaFond, R. . The Effect of SOX Internal Control Deficiencies and Their Remediation on Accrual Quality. *The Accounting Review*, 2008, 83 (1): 217 – 250.

［55］Baginski, S. P. , J. M. Hassell, and M. D. Kimbrough. The Effect of Legal

Environment on Voluntary Disclosure: Evidence from Management Earnings Forecasts Issued in U. S. and Canadian Markets. *The Accounting Review*, 2002, 77 (1): 25 – 50.

[56] Ball, R. , and P. Brown. An Empirical Evaluation of Accounting Income Numbers. *Journal of Accounting Research*, 1968, 6 (2): 159 – 178.

[57] Barber, B. M. , and T. Odean. All That Glitters: The Effect of Attention and News on the Buying Behavior of Individual and Institutional Investors. *Review of Financial Studies*, 2008, 21 (2): 785 – 818.

[58] Behr, J. F. H. , Fossum, V. , Mitzenmacher, M. D. , Xiao, D. *Estimating and Comparing Entropy across Written Natural Languages Using PPM Compression*. Working Paper, 2002.

[59] Bernheim, B. D. , L. Forni, J. Gokhale. The Mismatch between Life Insurance Holdings and Financial Vulnerabilities: Evidence from the Health and Retirement Study. *American Economic Review*, 2003, 93 (1): 354 – 365.

[60] Bhattacharya, U. , P. H. Hsu, X. Tian. What Affects Innovation More: Policy or Policy Uncertainty? *Journal of Financial and Quantitative Analysis*, 2017, 52 (5): 1869 – 1901.

[61] Biddle, G. C. , G. Hilary, and R. S. Verdi. How does Financial Reporting Quality Relate to Investment Efficiency? *Journal of Accounting and Economics*, 2009, 48 (2 – 3): 112 – 131.

[62] Blankley, A. I. , D. N. Hurtt, and J. E. MacGregor. The Relationship between Audit Report Lags and Future Restatements. *Auditing: A Journal of Practice & Theory*, 2014, 33 (2): 27 – 57.

[63] Bloomfield, R. J. . Discussion of Annual Report Readability, Current Earnings, and Earnings Persistence. *Journal of Accounting and Economics*, 2008, 45 (2): 248 – 252.

[64] Bloomfield, R. J. . The Incomplete Revelation Hypothesis and Financial Reporting. *Accounting Horizons*, 2002, 16 (3): 233 – 243.

[65] Bochkay, K. , and C. Levine. *Using MD&A to Improve Earnings Forecasts*. Working Paper, 2013.

[66] Bonsall, S. B. , and B. P. Miller. The Impact of Narrative Disclosure Read-

ability on Bond Ratings and the Cost of Debt. *Review of Accounting Studies*, 2017, 22 (2): 608 – 643.

［67］Bradshaw, M. T. , M. S. Drake, J. N. Myers, and L. A. Myers. A Re – Examination of Analysts' Superiority over Time – Series Forecasts of Annual Earnings. *Review of Accounting Studies*, 2012, 17 (4): 944 – 968.

［68］Brazel, J. F. , K. L. Jones, and M. F. Zimbelman. Using Nonfinancial Measures to Assess Fraud Risk. *Journal of Accounting Research*, 2009, 47 (5): 1135 – 1166.

［69］Brockman, P. , X. Li, and S. M. Price. *Do Managers Put their Money Where Their Mouths are? Evidence from Insider Trading after Conference Calls.* Working Paper, 2013.

［70］Brown, S. V. , and J. W. Tucker. Large – Sample Evidence on Firms' Year – over – Year MD&A Modifications. *Journal of Accounting Research*, 2011, 49 (2): 309 – 346.

［71］Bushee, B. J. , I. D. Gow, and D. J. Taylor. Linguistic Complexity in Firm Disclosures: Obfuscation or Information? *Journal of Accounting Research*, 2018, 56 (1): 85 – 121.

［72］Bushee, B. J. , J. E. Core, W. Guay, and S. J. W. Hamm. The Role of the Business Press as an Information Intermediary. *Journal of Accounting Research*, 2010, 48 (1): 1 – 19.

［73］Cahan, S. F. , D. C. Jeter, and V. Naiker. Are All Industry Specialist Auditors the Same? *Auditing: A Journal of Practice & Theory*, 2011, 30 (4): 191 – 222.

［74］Campello, M. , and M. Larrain. Enlarging the Contracting Space: Collateral Menus, Access to Credit, and Economic Activity. *Review of Financial Studies*, 2016, 29 (2): 349 – 383.

［75］Chang, X. , S. Dasgupta, and G. Hilary. Analyst Coverage and Financing Decisions. *Journal of Finance*, 2006, 61 (6): 3009 – 3048.

［76］Chan, K. C. , Farrell, B. R. , and P. Lee. Earnings Management of Firms Reporting Material Internal Control Weaknesses Under Section 404 of the Sarbanes –

Oxley Act. *Auditing: A Journal of Practice & Theory*, 2008, 27 (2): 161 – 179.

[77] Chen, C., J. B. Kim, and L. Yao. Earnings Smoothing: Does It Exacerbate or Constrain Stock Price Crash Risk? *Journal of Corporate Finance*, 2017, 42: 36 – 54.

[78] Chen, C. J. P., X. Liu, X. Su, and X. Wu. *Auditor – Client Bonding and Audit Quality: Partner – Level Evidence.* Working Paper, 2009.

[79] Cui, X. C. Readability, Financial Literacy, and the Reliance of Investors. *International Business and Management*, 2015, 11 (3): 121 – 126.

[80] Davis, A. K., J. M. Piger, and L. M. Sedor. Beyond the Numbers: Measuring the Information Content of Earnings Press Release Language. *Contemporary Accounting Research*, 2012, 29 (3): 845 – 868.

[81] DeAngelo, L. E.. Auditor Independence, "Low Balling", and Disclosure Regulation. *Journal of Accounting & Economics*, 1981, 3 (2): 113 – 127.

[82] DeFond, M., and J. Zhang. A Review of Archival Auditing Research. *Journal of Accounting and Economics*, 2014, 58 (2): 275 – 326.

[83] DeFond, M. L., K. Raghunandan, and K. R. Subramanyam. Do Non – Audit Service Fees Impair Auditor Independence? Evidence from Going Concern Audit Opinions. *Journal of Accounting Research*, 2002, 40 (4): 1247 – 1274.

[84] Elliott, W. B.. Are Investors Influenced by Pro Forma Emphasis and Reconciliations in Earnings Announcements? *The Accounting Review*, 2006, 81 (1): 113 – 133.

[85] Ertugrul, M., J. Lei, J. Qiu, and C. Wan. Annual Report Readability, Tone Ambiguity, and the Cost of Borrowing. *Journal of Financial and Quantitative Analysis*, 2017, 52 (2): 811 – 836.

[86] Fei, X. *Rurual China.* Joint Publishing Press, 1948.

[87] Feldman, R., S. Govindaraj, J. Livnat, and B. Segal. Management's Tone Change, Post Earnings Announcement Drift and Accruals. *Review of Accounting Studies*, 2010, 15 (4): 915 – 953.

[88] Francis, J. R., M. Pinnuck, and O. Watanabe. Auditor Style and Financial Statement Comparability. *The Accounting Review*, 2014, 89 (2): 605 – 633.

［89］Frankel R, and X. Li. Characteristics of a Firm's Information Environment and the Information Asymmetry between Insiders and Outsiders. *Journal of Accounting & Economics*, 2004, 37 (2): 229 – 259.

［90］Fung, S. Y. K., F. A. Gul, and J. Krishnan. City – Level Auditor Industry Specialization, Economies of Scale, and Audit Pricing. *Accounting Review*, 2012, 87 (4): 1281 – 1307.

［91］Gong, Q., O. Z. Li, Y. Lin, and L. Wu. On the Benefits of Audit Market Consolidation: Evidence from Merged Audit Firms. *The Accounting Review*, 2015, 91 (2): 463 – 488.

［92］Granovetter, M. S.. The Strength of Weak Ties. *American Journal of Sociology*, 1973, 78 (6): 1360 – 1380.

［93］Grossman, S. J., and J. E. Stiglitz. On the Impossibility of Informationally Efficient Markets. *The American Economic Review*, 1980, 70 (3): 393 – 408.

［94］Gulen H, M. Policy Uncertainty and Corporate Investment. *The Review of Financial Studies*, 2015, 29 (3): 523 – 564.

［95］Hirshleifer, D., and S. H. Teoh. Limited Attention, Information Disclosure, and Financial Reporting. *Journal of Accounting and Economics*, 2003, 36 (1): 337 – 386.

［96］Hodge, F. D., J. J. Kennedy, and L. A. Maines. Does Search – Facilitating Technology Improve the Transparency of Financial Reporting? *The Accounting Review*, 2004, 79 (3): 687 – 703.

［97］Hoitash, R., and U. Hoitash. Measuring Accounting Reporting Complexity with XBRL. *The Accounting Review*, 2018, 93 (1): 259 – 287.

［98］Hong, H., and J. C. Stein. Differences of Opinion, Short – Sales Constraints, and Market Crashes. *The Review of Financial Studies*, 2003, 16 (2): 487 – 525.

［99］Huang, H. W., K. Raghunandan, T. C. Huang, and J. R. Chiou. Fee Discounting and Audit Quality Following Audit Firm and Audit Partner Changes: Chinese Evidence. *The Accounting Review*, 2014, 90 (4): 1517 – 1546.

［100］Huang, T. C., H. Chang, and J. R. Chiou. Audit Market Concentration,

Audit Fees, and Audit Quality: Evidence from China. *Auditing: A Journal of Practice & Theory*, 2015, 35 (2): 121 – 145.

[101] Huang, X., S. H. Teoh and Y. Zhang. Tone Management. *The Accounting Review*, 2014, 89 (3): 1083 – 1113.

[102] Hugon, A., A. Kumar, and A. P. Lin. Analysts, Macroeconomic News, and the Benefit of Active In – House Economists. *The Accounting Review*, 2015, 91 (2): 513 – 534.

[103] Hutton, A. P., A. J. Marcus, and H. Tehranian. Opaque Financial Reports, R2, and Crash Risk. *Journal of Financial Economics*, 2009, 94 (1): 67 – 86.

[104] Jin, L., Myers, S. C.. R2 around the World: New Theory and New Tests. *Journal of Financial Economics*, 2006, 79 (2): 257 – 292.

[105] Johnston J, Zhang J.. *Auditor Style and Financial Reporting Similarity*. Working Paper, 2018.

[106] Khan, M., and R. L. Watts. Estimation and Empirical Properties of a Firm – Year Measure of Accounting Conservatism. *Journal of Accounting & Economics*, 2009, 48 (2 – 3): 0 – 150.

[107] Kim, C., K. Wang, and L. Zhang. Readability of 10 – K Reports and Stock Price Crash Risk. *Contemporary Accounting Research*, 2019, 36 (2): 1184 – 1216.

[108] Kim, J. B, and L. Zhang. Accounting Conservatism and Stock Price Crash Risk: Firm – Level Evidence. *Contemporary Accounting Research*, 2016, 33 (1): 412 – 441.

[109] Kim, J. B., L. Li, L. Y. Lu, and Y. Yu. Financial Statement Comparability and Expected Crash Risk. *Journal of Accounting and Economics*, 2016, 61 (2 – 3): 294 – 312.

[110] Kim, J. B., R. Chung, and M. Firth. Auditor Conservatism, Asymmetric Monitoring, and Earnings Management. *Contemporary Accounting Research*, 2010, 20 (2): 323 – 359.

[111] Kim, J. B., Y. Li, and L. Zhang. CFOs versus CEOs: Equity Incentives and Crashes. *Journal of Financial Economics*, 2011, 101 (3): 713 – 730.

[112] Kim, J. B., Y. Li, L. Zhang. Corporate Tax Avoidance and Stock Price

Crash Risk: Firm-level Analysis. *Journal of Financial Economics*, 2011, 100 (3): 639 – 662.

[113] Kothari, S. P. , S. Shu. and P. D. Wysocki. Do Managers Withhold Bad News? *Journal of Accounting Research*, 2009, 47 (1): 241 – 276.

[114] Lafond R. , R. L. Watts. The Information Role of Conservatism. *The Accounting Review*, 2008, 83 (2): 447 – 478.

[115] Laksmana, I. , W. Tietz, and Y. W. Yang. Compensation Discussion and Analysis (CD&A): Readability and Management Obfuscation. *Journal of Accounting and Public Policy*, 2012, 31 (2): 185 – 203.

[116] Lee, Y. J.. The Effect of Quarterly Report Readability on Information Efficiency of Stock Prices. *Contemporary Accounting Research*, 2012, 29 (4): 1137 – 1170.

[117] Lehavy, R. , F. Li, and K. Merkley. The Effect of Annual Report Readability on Analyst Following and the Properties of their Earnings Forecasts. *The Accounting Review*, 2011, 86 (3): 1087 – 1115.

[118] Levin, I. P. , Gaeth, G. J.. How Consumers are Affected by the Framing of Attribute Information before and after Consuming the Product. *Journal of Consumer Research*, 1988, 15 (3): 374 – 378.

[119] Li, F.. Annual Report Readability, Current Earnings, and Earnings Persistence. *Journal of Accounting and Economics*, 2008, 45 (2 – 3): 221 – 247.

[120] Li, F.. Textual Analysis of Corporate Disclosures: A Survey of the Literature. *Journal of Accounting Literature*, 2010, 29: 143 – 165.

[121] Li, H.. Repetitive Disclosures in the MD&A. Working Paper, 2017.

[122] Liu, M.. Analysts' Incentives to Produce Industry-level Versus Firm – Specific Information. *Journal of Financial and Quantitative Analysis*, 2011, 46 (3): 757 – 784.

[123] Li, Y. , and L. Zhang. Short Selling Pressure, Stock Price Behavior, and Management Forecast Precision: Evidence from a Natural Experiment. *Journal of Accounting Research*, 2015, 53 (1): 79 – 117.

[124] Loewenstein, G. , E. Weber, C. Hsee, and N. Welch. Risk as Feel-

ings. Psychological Bulletin, 2001, 127 (2): 267 - 286.

［125］ Lo, K., F. Ramos, and R. Rogo. Earnings Management and Annual Report Readability. *Journal of Accounting and Economics*, 2017, 63 (1): 1 - 25.

［126］ Loughran, T. and B. McDonald. Measuring Readability in Financial Disclosures. *The Journal of Finance*, 2014, 69 (4): 1643 - 1671.

［127］ Loughran, T., and B. McDonald. When is a Liability not a Liability? Textual Analysis, Dictionaries, and 10 - Ks. *The Journal of Finance*, 2011, 66 (1): 35 - 65.

［128］ MacGregor, D. G., P. Slovic, D. Dreman, M. Berry. Imagery, Affect, and Financial Judgment. *Journal of Psychology and Financial Markets*, 2000, 1 (2): 104 - 110.

［129］ Merkley, K.. Narrative Disclosure and Earnings Performance: Evidence from R&D Disclosures. *The Accounting Review*, 2014, 89 (2): 725 - 757.

［130］ Miller, B. P.. The Effects of Reporting Complexity on Small and Large Investor Trading. *The Accounting Review*, 2010, 85 (6): 2107 - 2143.

［131］ Polat, B., and Y. Kim. Dynamics of Complexity and Accuracy: A Longitudinal Case Study of Advanced Untutored Development. *Applied Linguistics*, 2014, 35 (2): 184 - 207.

［132］ Rennekamp, K.. Processing Fluency and Investors' Reactions to Disclosure Readability. *Journal of Accounting Research*, 2012, 50 (5): 1319 - 1354.

［133］ Rogers, J. L., A. V. Buskirk, and S. L. C. Zechman. Disclosure Tone and Shareholder Litigation. *The Accounting Review*, 2011, 86 (6): 2155 - 2183.

［134］ Sandulescu, M. P.. Insiders' Incentives of Using a Specific Disclosure Tone When Trading. *Studies in Communication Sciences*, 2015, 15 (1): 12 - 36.

［135］ Shannon, C. E.. A Mathematical Theory of Communication. *Bell System Technical Journal*, 1948, 27 (4): 623 - 656.

［136］ Simunic, D. A.. The Pricing of Audit Services: Theory and Evidence. *Journal of Accounting Research*, 1980, 18 (1): 161 - 190.

［137］ Su X, and X. Wu. Client Following Former Audit Partners and Audit Quality: Evidence from Unforced Audit Firm Changes in China. *The International Journal of*

Accounting, 2016, 51 (1): 1 – 22.

[138] Tan, H. T., E. Y. Wang, B. Zhou. How does Readability Influence Investors' Judgments? Consistency of Benchmark Performance Matters. *The Accounting Review*, 2014, 90 (1): 371 – 393.

[139] Tetlock, P. C., M. Saar – Tsechansky, and S. Macskassy. More than Words: Quantifying Language to Measure Firms' Fundamentals. *The Journal of Finance*, 2008, 63 (3): 1437 – 1467.

[140] Xu, N., X. Li, Q. Yuan, and K. C. Chan. Excess Perks and Stock Price Crash Risk: Evidence from China. *Journal of Corporate Finance*, 2014, 25 (2): 419 – 434.

[141] You, H., and X. J. Zhang. Financial Reporting Complexity and Investor Underreaction to 10 – K Information. *Review of Accounting Studies*, 2009, 14 (4): 559 – 586.

[142] Zhang, Z. and C. F. Yang. Beyond Distributive Justice: The Reasonable Norm in Chinese Reward Allocation. *Asian Journal of Psychology*, 1998, 1: 253 – 269.

[143] Zhou, J. and J. J. Martocchio. Chinese and American Managers' Compensation Award Decisions: A Comparative Policy – Capturing Study. *Personnel Psychology*, 2001, 54: 115 – 145.